本书系 2024 年度福建省基础教育课程教学研究课题"基于家国情怀素养培育的初中历史教学情境创设策略研究"（立项批准号：MJYKT2024–262）研究成果之一。

研学旅行教育理论与研究

黎英 ◎ 著

中国商业出版社

图书在版编目（CIP）数据

研学旅行教育理论与研究 ／ 黎英著. -- 北京 ： 中
国商业出版社，2024. 8. -- ISBN 978-7-5208-3067-6

Ⅰ. F590.75-42

中国国家版本馆CIP数据核字第2024G1Q301号

责任编辑：陈　皓
策划编辑：常　松

中国商业出版社出版发行

（www.zgsycb.com　100053 北京广安门内报国寺1号）

总编室：010-63180647　编辑室：010-83114579

发行部：010-83120835/8286

新华书店经销

河北万卷印刷有限公司印刷

＊

710 毫米 × 1000 毫米　16 开　9.75 印张　150 千字

2024 年 8 月第 1 版　2024 年 8 月第 1 次印刷

定价：88.00 元

＊　＊　＊　＊

（如有印装质量问题可更换）

研学旅行是义务教育阶段校内教育的校外延伸。研学旅行使学生走出校园、亲近自然，感受外出旅行的乐趣，沉浸式体验研学的快乐，强健体魄，净化心灵。在教师的引导下，学生积极探索多姿多彩的世界，用感官感知外部奇妙的世界，身心得到了放松，获得了宝贵的知识。

研学旅行是我国基础教育领域备受关注的改革焦点，也是国民旅游领域消费升级的重要需求之一。国家出台的一系列有关研学旅行的政策和规范标准，从宏观层面为研学旅行的全方位推进创造了有利条件。研学旅行的全面开展，对于学生社会主义核心价值观的形成具有促进作用，有助于激发学生的爱国情怀，推动素质教育的有效落实，优化人才培养模式，提高人民群众的生活质量。

为了进一步推动研学旅行教育的有效实施，让研学旅行"进课堂、进大脑"，笔者撰写了《研学旅行教育理论与研究》一书。本书在内容编排上共设置了五章。第一章主要论述了研学旅行的相关内容，包括研学旅行的内涵、组成要素、实践意义以及演变轨迹。第二章主要论述了研学旅行教育的理论基础，包括体验式学习理论、项目式学习以及学生发展核心素养，为研学旅行教育的研究奠定理论之基。第三章对研学旅行教育课程与实践展开了全面论述，包括研学旅行课程的分类、课程的资源、课程的内容、课程的实施、课程的评价、导师的培养以及基地的建设，为研学旅行教育课程的开展构建了整体的框架。第四章主要基于当下实际情况，对研学旅行教育面临的挑战进行了分析，并提出了针对性的应对策略，以便更好地促进研学旅行教育的顺利、高效开展。第五章主要进行了展望与结论，在结论部分对专著研究成果、研学旅行教育理论与实践进行了总结；在展望部分对专著的创新之处、研学旅行教育的未来发展趋势以及研究的建议等进行了展望。

　　由于笔者时间、水平有限，书中难免存在疏漏之处，恳请广大读者批评指正，以便笔者在未来的研究中不断完善和提高。

第一章　概述

第一节　研学旅行的内涵

一、研学旅行的概念

在"研学旅行"一词尚未正式提出以前，我国学者的研究主要集中于"修学旅游"。胡雅亚、陈飞指出，修学旅游是一项以专题为目标，将在校学生作为主体，教师等其他人员发挥辅助作用的专项旅游活动。[①]汪季清、李庆庆指出，修学旅游是旅游者以开阔视野、增长知识、丰富阅历为目的的旅游活动。[②]

随着2013年国内"研学旅行"概念的提出，学者的研究视角转变为旅游是手段、教育是目的，"游中学、学中游"。朱立新认为，研学旅行就是指以研究性、探究性学习为目的的专项旅行。[③]丁运超指出，研学旅行以学生为主体，主要目标是发展学生能力，具有探究性、实践性特点。[④]

综上所述，对于研学旅行概念的理解，主要从四个关键点着手，一是研学旅行的时间需要选择在学生的上学期间，换言之，研学旅行活动的开展应在周一至周五。二是研学旅行课程和线路的开展要有鲜明的主

① 胡亚琴.广东省发展修学旅游的优势及策略[J].全国商情（经济理论研究），2009（9）：88-89.

② 汪季清，李庆庆.黄山市修学旅游开发的原则和策略[J].淮海工学院学报（人文社会科学版），2012（6）：60-63.

③ 杨艳利.研学旅行：撬动素质教育的杠杆——访上海师范大学旅游学系系主任朱立新教授[J].中国德育，2014（17）：21-24.

④ 丁运超.研学旅行：一门新的综合实践活动课程[J].中国德育，2014（9）：12-14.

题。三是研学旅行是一个面向整个年级、整个班级的具有集体性特征的活动。四是研学旅行要尽量选择在营地展开，实现全方位的体验式学习。基于此，笔者认为，研学旅行是一种以旅游的形式，让学生走出课堂和校园，亲身感知和探索世界，以达到增长知识和技能目的的教育活动。

二、研学旅行的特征

研学旅行是书本知识与社会实践深层次融合的有效路径，主要具有以下六方面特征。

（一）校外活动

研学旅行强调学生去校外进行学习。在学校内部组织的各种各样的校园文化活动都不在研学旅行范畴之内，包括兴趣小组实验、俱乐部活动、体育活动等。

（二）主体固定

研学旅行的主体是青少年学生。在研学旅行的过程中，无论是前期设计，还是课程开发，抑或是基地的选择，都离不开青少年学生这一群体，都要围绕青少年学生的兴趣爱好和身心特点进行设计，合理安排研学内容、活动时间、活动地点以及活动路线等。

（三）学校组织

研学旅行的组织主体是学校，这种集体研学活动与家长自发组织或其他社会团体组织的群体活动存在本质不同。研学旅行的基本单位通常是单位或班级，甚至是学校，其是以研学旅行导师为引领，学生进行"游中学、学中游"，从而以集体的形式进行研讨和体验的一种教学方式。

（四）产品丰富

近些年来，随着研学旅行的持续深入开展与优化，研学产品也呈现多元化趋势发展，有常见的、基础的研学旅行产品，如知识科普类、自然观赏类、体验考察类、励志拓展类以及文化康乐类等，还有很多现代特色研学旅行产品正成为旅游市场热点，如动漫、影视、体育、科技、文学、历史、生物、探秘等。

（五）互动体验

研学旅行活动的开展，并不是追求简单的"看一看""玩一玩"的"走马观花"形式，而是注重学生的互动和体验，需要鼓励学生积极动脑进行思考，产生动手制作的兴趣，有动口表达的欲望。这样一来，研学旅行活动的开展就能让学生在真正意义上全过程、全方位地参与校外实践活动，达到寓教于乐、寓乐于教的目的。

（六）多方支持

研学旅行的开展是一项系统性、复杂性的教育工程，离不开社会多方的积极配合。从宏观层面来看，需要国家政策的有力支持；从中观层面来看，需要学校和相关行业的组织和配合；从微观层面来看，需要专业教育机构和企业的密切配合。要想真正实现研学旅行的"游中学、学中游"，以上各方必须进行联动，以促进学生的全面发展。

三、研学旅行的本质

研学旅行作为学校教育的重要补充，在学校教育的有效辅助下，有助于促进学生核心素养的全面提升，为素质教育的实施提供有力手段。研学旅行从本质上来看是一种自然主义教育、生活教育以及休闲教育。

（一）研学旅行是一种自然主义教育

自然主义教育代表着一种遵守自然秩序、遵从自然本性的教育观。研学旅行强调学习要顺应自然和人的本性，鼓励学生以亲身体验的方式，直接接触现实世界中的各种元素。研学旅行鼓励学生对自然环境进行观察和探索，包括对生态系统、地质结构、生物多样性等的考察与探索，这不仅能够激发学生的环境保护意识，还能增强学生对知识的理解。

（二）研学旅行是一种生活教育

从教育内容来看，生活教育指的是生活中的任何事物都能当作教育的内容，如何生活就如何教育。[①] 在研学旅行活动的开展中，马路、弄堂、乡村等生活元素都是重要的教育资源。可以说，之所以要大力推动研学旅行课程在中小学阶段的普及，将研学旅行增加至教学计划当中，主要是强调教育要回归现实生活，不仅要面向生活，还要服务生活，让学生能够从生活中来，到生活中去，从生活中获取新知识。教育是生活的重要组成部分，生活是教育的资源和途径。

（三）研学旅行是一种休闲教育

休闲是生活的一部分，它与人的生活质量和个体生活幸福感、愉悦感息息相关。从一般意义上来看，休闲实际上就是闲暇的时间，是个体能够跟随自身意愿支配的空余时间，是个体能够自由表现自我、追求个人理想的重要时间。如果缺乏休闲教育，将无法保证素质教育的有效落实，难以促进学生的全面发展。随着 21 世纪的到来，人类已经进入"休闲时代"，这就需要受教育者在面对生活时保持更加理智的态度，实现自我价值。而研学旅行为受教育者自由实现自我价值提供了一片广阔天地，让受教育者能够自由地探索与学习。

四、研学旅行的原则

为了保证研学旅行的有效实施，人们需要遵循以下四点原则，如图 1-1 所示。

---

①陆庆祥，程迟. 研学旅行的理论基础与实施策略研究 [J]. 湖北理工学院学报（人文社会科学版），2017（2）：22-26.

图 1-1 研学旅行的原则

（一）教育性

教育性原则强调研学旅行活动必须以学生为主体，以促进学生学习和成长为目的进行设计与实施，保证每一次研学旅行都不是走马观花，而是通过体验、互动、交流等方式进行学习，并且获得知识、增长技能。研学旅行活动的开展，还要能促进学生社会实践能力的提升，培养学生团队合作精神，提高学生创新能力。

（二）实践性

实践性原则强调研学旅行的每一个环节都要围绕学生亲身体验这一主题，让学生能够轻松地理解、内化、吸收知识。例如，在生态环保研学旅行活动中，学校可以组织学生参与一系列环保活动，如植树、清理河流，让学生通过实践理解生态系统对人类活动的影响，引导学生将理论知识与实践体验相结合，达到"知行合一"的效果。

（三）安全性

保证学生人身安全是研学旅行活动顺利开展的前提。学校在组织研学旅行活动之前，必须全方位、详细地评估研学旅行的风险，远离自然灾害频繁或存在危险隐患的地区，选择安全的交通工具，筛选住宿地点，选择合适的活动区域。

（四）公益性

公益性原则要求研学旅行活动不仅要促进学生的学习和成长，还要引导学生积极参加社会公益活动，促进社区和环境的可持续发展。例如，在研学旅行活动中，学校可以组织学生参与当地社区的社区服务活动，如环境清理、文化遗产保护，为和谐社会的建设添砖加瓦。由此，学生可以意识到自己的行动能够对社会产生正向的影响，并积极参与社会公益活动。

第二节　研学旅行的组成要素

从研学旅行的目的、特点来看，研学旅行的组成要素主要包括教育行政部门、中小学校、中小学生、研学旅行导师、研学课程、研学基地、服务机构、研学旅行线路等。本节主要对研学旅行的组成要素进行论述。

一、教育行政部门

教育行政部门不仅是研学旅行的指导者和决策者，还是研学旅行的保障方。首先，教育行政部门需要为研学旅行活动的开展提供全面的保障措施，构建科学的工作领导机制，制定和颁布相关的制度，制定研学旅行活动的基本要求、安全标准、教育目的、实施细则等。其次，教育行政部门需要针对研学旅行活动制订详细具体的工作方案，不断优化与完善研学旅行长效管理体系，确保研学旅行的稳定推进。最后，教育行政部门需要定期审核研学旅行的实施单位，具体包括学校、旅行社以及其他教育机构，保证这些单位具备足够的资质和能力组织研学旅行活动，同时确保这些单位能够遵守安全标准。

二、中小学校

作为研学旅行的主要组织者，中小学校需要根据研学旅行的内容制订具有针对性、科学性、严谨性的工作手册，在正式开展研学旅行工作之前，制订完善周密的研学旅行计划。首先，中小学校需要做好策划工作，确定研学旅行的主题，与相关教育机构、研学基地通力合作，共同完成研学旅行实施方案的制订工作，并采取多样化的宣传渠道和方式，及时、有效地告知家长。其次，中小学校需要立足研学旅行活动的需要，根据学生的实际数量，成立专门的工作小组，明确分工，责任到人，进一步细化方案，做好充分的准备工作。再次，在研学过程中，中小学校应严格执行并落实行动计划，开展好应急处理工作，科学研判各种各样的问题隐患，做到未雨绸缪、防患未然。最后，研学活动结束后，中小学校要做好后续管理工作，进行工作总结，加强经验交流，加快研学成果的转化，不断优化研学旅行课程体系，提高研学旅行质量。

三、中小学生

中小学生是研学旅行的主体。如果研学旅行能够在各个地区、各个学校全方位展开，那么中小学生将是我国十分重要的游客群体。中小学生在研学旅行导师的带领下，以集体为单位，通过集中食宿的方式进行旅行，参与研究性学习与旅行体验相结合的校外教育活动，在创新学校教育模式的同时，实现综合实践育人的目标。

四、研学旅行导师

研学旅行导师是影响研学旅行教育质量优劣的决定性因素。通常情况下，每个研学旅行团队会配置一名研学旅行导师，主要负责研学旅行教育工作计划的制订。为了组织好研学旅行活动，应对各种突发事件，研学旅行导师不仅要具备创新教育思维，还需要掌握广博的旅游知识，拥有良好的掌控能力，此外还需要具有较高的教学素养，在研学旅行过程中根据教学内容设置活动内容，设计综合实践活动课程，带领学生走出课堂与校园，进行积极的探索与实践，获取、吸收更多的教学内容。

五、研学课程

研学课程是专门针对研学旅行所构建的课程体系。研学课程体系的设计包括诸多要素，主要有课程目标、课程内容、课程实施、课程评价等。为了保证研学课程的质量与效果，其设计要满足以下三大要求：①课程设计要根据不同学段进行针对性设计。②课程设计内容要全面，包括课程名称、课程目标、实施流程、总结评价等要素。③课程内容的设计与实施要遵循开放、互动、实践、安全等原则。

为了满足不同的资源需求，学校需要设计不同类型的研学课程。围绕一次研学旅行的主题，学校要设计针对性的线路、行程，每一环节、流程的学习计划和目标，都需要划分到综合实践活动课程分类当中，将其当作一个系列主题的基地课程。

六、研学基地

研学基地是中小学开展研学实践教育的重要场所。研学基地形式多样，主要包括青少年校外活动场所、爱国主义教育基地、国防教育基地、革命历史类纪念设施或遗址、优秀传统文化教育基地、文物保护单位、科技馆、博物馆、生态保护区、自然景区、公园、乡村、特色小镇、科普教育基地、科技创新基地、示范性农业基地、高等学校、科研院所、知名企业、重大工程基地等具有优质资源的单位。在中小学生的研学旅行过程中，研学基地不仅可以为中小学生提供各种各样的实践教育活动场所，还能为中小学生提供集中学习、活动、体验、休整、食宿的场所。

七、服务机构

在研学旅行过程中，研学旅行服务机构是联系学校学生与研学基地的中介。由于研学旅行的服务对象是中小学生，因此，研学旅行服务机构必须要有专业性，还要有安全性与可靠性。为了满足专业性要求，研学旅行服务机构通常由两个部分组成：一是专业旅行社，二是专业教育机构。服务机构需要配有专门的研学旅行部门、专职的导游队伍，以更全面地服务研学旅行。同时，服务机构要不断开发和优化研学旅行系列产品，并结合学校教学内容量身定做研学旅行线路。为了保证安全性、可靠性要求，对于旅行社的选择，要确保在近三年内并未发生过重大质量投诉事件，也没有出现过安全责任事故。同时，旅行社需要把控好安全风险，严格监督和检查各类型车辆、驾驶员、行车线路、住宿、餐饮等，从源头上杜绝安全隐患的发生。

八、研学旅行线路

从教学设计角度来看，研学旅行线路的规划要以主题为中心，筛选出合适的活动地点，可以是博物馆、景点、教育基地等。无论选择什么性质的地点，必须保证其格调与主题相一致，切不可偏离主题。合理的研学旅行线路能够凸显设计者对前期准备工作的认真程度，以及设计者对教学内容的理解程度，因此，如何借助旅行的形式高效率完成教学目标是线路设计者不可忽视的一大问题。研学线路的制定需要从科学、合理、安全的角度出发，对研学线路活动地点、交通、住宿等因素进行考察，保证距离合适、旅程的连贯性、紧凑性，让学生安全、快乐地学习。

第三节 研学旅行的实践意义

随着全域旅游的流行，研学旅行作为一种新型旅游产品和业态应运而生，其借素质教育之东风，植人文教育之情怀，逐渐成为旅游市场的新热点。目前，国家大力支持和鼓励研学旅行的发展，注重旅行体验式教学，将教育元素融入具有游乐性质的旅行中，让学生在亲近人文和自然的过程中，陶冶情操、增长见识。

一、看旅行主体——为旅游市场注入新的活力

研学旅行的主要对象是中小学生，与一般、常见的旅行产品有所不同，其既能对中小学生的综合素质进行有效锻炼，包括独立生活能力、集体意识、解决问题的能力等，又能充分发挥旅行的教育功能，具有十分明确的教学目的，对于学生的全面个性发展起到了重要的促进作用。

与传统教育的教学形式相比，研学旅行因其趣味性、体验性、丰富性等特点和优势受到学生的喜爱。在一些国家，研学旅行的发展已经步入成熟阶段，而在我国，目前以春秋游、夏令营为主要形式，依然具有很大的上升空间。研学旅行将目光投向有待充分开发的中小学市场，对中小学生群体及其背后家长群体的消费产生了一定刺激，为旅游市场注入了新的强劲活力，同时为旅游投资者和相关从业人员带来了新的机遇。

二、看旅行介体——加强研学旅行导游队伍的建设

研学旅行活动的开展，需要保证人员配备的充足性。研学旅行因其自身所具有的特殊性，有着十分明确的教学目标，所以对相关工作人员的职业素质提出了更高要求。相关工作人员不仅要照管、协调好研学旅行者的衣食住行等事宜，还要达到教学目标，因此，其应具备丰富的专业知识、较强的教学技能和较高的职业素养。研学旅行涉及的要求比较多且较为复杂，所以催生了更加细化、专业的新型职业，这些工作人员有着共同的目标，各司其职，协作配合，共同为研学旅行的高质量、高效率推进提供有力保障。

新型职业的产生对导游员的培训也提出了新的要求，培训内容不能仅局限于常规的导游服务，还应该再融入新的教学知识，如心理学、教育学知识，进而不断完善人才培养体系，为研学旅行的开展输出承担教

育引导责任的高素质人才。研学旅行导游队伍的不断壮大，也会带动其他类型旅游导游队伍水平的提升，进而促进整个旅游行业导游人员平均素质的提升，使旅游行业的服务水平更上一层楼。

三、看旅行客体——推动综合旅游目的地的建成

一般来说，传统旅游目的地是名气大、有较强游览观赏性的景区景点，而对有些具有较强人文教育价值但娱乐性不足的旅游目的地缺乏关注度，如国防教育基地、博物馆、红色遗迹遗址等。而由于研学旅行注重教学功能，所以对上述这些旅游目的地关注度较高，将其视为不可多得的"教材"。在这类"教材"的引导下，"教学"被赋予了较高的人文价值，变得更加生动。除此之外，由于研学旅行内容具有一定的特殊性，即并非单一景点或景区本身，而是以资源为依托开发的综合研学产品，所以对当地旅游资源的整合与综合开发起着积极的促进作用，有助于推进综合旅游目的地的建设，加快全域旅游发展的步伐。

四、看旅行成果——促进中小学生全面发展

研学旅行过程中涉及多种教育，其不仅依托旅游目的地进行专项教育，还将生活习惯教育、旅游文明教育以及安全教育贯穿每个环节，此外，研学旅行还设置了丰富的参与体验式活动，不仅能增长学生的见识，还能提高学生的动手操作能力和集体生活能力，推动学生的全面发展。

综上所述，研学旅行的实践意义是多方面的，其既能为旅游市场的创新发展提供新的思路，促进旅游市场经济的增长，为旅游创收添砖加瓦，又能使旅游发展成果惠及不同年龄、不同地区的广大群众。这充分说明旅游业并非"孤岛"，而是融合了教育等诸多元素在内的综合体，能够产生"1+1 > 2"的效果。

第四节　研学旅行的演变轨迹

一、研学旅行的起源

（一）中国研学旅行起源——古代游学

在我国古代，文人墨客一向有游学的风范，注重游与学的结合。春秋战国时期，孔子带领众弟子周游列国，主要包括卫国、曹国、宋国、郑国、蔡国、楚国等，他们一方面对这些国家的风土人情进行考察，另一方面宣传礼乐文化，可以称得上是游学旅行的鼻祖。东汉和西汉承袭了战国游学的传统，学子访问各地名师以求学，在增长见闻的同时，谋求仕途。游学作为一种学习方式，既丰富了学子、士人的知识和阅历，又成就了一大批人才。

唐代兴壮游、旅行学习之风，诸多士子走出书斋、畅游天下，探访古迹，游览山水时找寻幽雅的胜地，结交各地豪杰并相互学习。在旅行学习过程中他们感悟了人生、修炼了人格，传承了优秀文化，还成就了诸多流传千古的诗篇。

宋代和明清时期，游学之风依托书院文化得以盛行，士人旅行趋于制度化发展，社会意识形态由"读万卷书，行万里路"这一思想占据主导地位。宋代理学家、思想家朱熹倡导和鼓励学子要去往各地广泛游学，不应该局限在一个很小的范围之内。

（二）国外研学旅行起源——修学旅行

在 16 至 17 世纪，欧洲地区掀起了游学运动，无论是英国人、德国人，还是法国人和意大利人，他们都广泛推崇漫游式修学旅行，最开始是中学毕业的年轻人远赴外国旅行，他们在游历名胜古迹的同时，会学习当地的社交艺术，进而慢慢形成了一种修学风气。后来，修学旅行逐渐演变成一种生活方式，主要存在于知识阶层和社会上层人士。

现代修学旅行这一词汇源于日本。自明治维新时期以来，日本大力支持和倡导修学旅行，要求中小学生每年要参加不同范围的社会学习，其中，对于小学生来说，他们每年要在本市范围参加数天的社会学习；对于初中生来说，他们每年要在全国范围参加数天的社会学习；对于高中生来说，他们每年要在全世界范围参加数天的社会学习。

二、研学旅行在国外的发展

研学旅行分布于全世界范围内的很多国家，虽然名称有所不同，但本质上大同小异。很多国家和地区的研学旅行与营地教育行业的发展已经处于成熟阶段，形成了相对成熟的研学旅行与营地教育行业规范体系。研学旅行与营地教育在不同国家和地区有着不同的概念，在表现形式上也有所不同。典型国家和地区研学旅行与营地教育行业发展特点，如表1-1所示。

表1-1 典型国家和地区研学旅行与营地教育行业发展特点

典型国家和地区	研学旅行与营地教育行业发展特点
美国	起步时间较早；主题内容丰富；硬件配套设施全；相关法律法规较为完善
日本	修学旅行覆盖率高；设置专门的公共财政补贴；政府制定严格的管理制度
英国	旺季为夏季；研学旅行形式多样，如夏令营、童子军；主题丰富，时间灵活

典型国家和地区	研学旅行与营地教育行业发展特点
新加坡	注重通过营地教育提升学生素质和能力；高校开设指定学科，支持专业人才培养
加拿大	自然资源丰富；有露营、户外旅行等多种方式；大部分学校会组织专门的活动
澳大利亚	以夏令营、童子军等为主要形式；与学校教育相结合；服务周期较短；设置监护人和临时监护人
新西兰	自然资源丰富；课程主题众多

三、研学旅行在我国的发展

研学旅行是近十年来出现的新词，由我国古代游学逐渐演变而来。研学旅行传承了我国传统游学"读万卷书，行万里路"（理论联系实际）的教育理念，是对我国古代人文精神的延续与发展，是素质教育内容和方式的重要组成部分。

（一）启蒙与发展阶段

20 世纪 30 年代，教育家陶行知主张知行合一，即实践是获取认知的必需途径，只有实践才能出真知。[①] 陶行知组织新安小学的新安旅行团参与为期 50 天的长途修学旅行活动，学生在修学旅行活动中，欣赏江南风光，学习途经地区的地理、民情、风俗，旅行中学生相互帮助，加强了解，学到了很多书本上学不到的知识。修学旅行活动激发了学生的爱国情怀，增强了学生的民族责任感，开创了我国修学旅行的先河。

随着人们生活水平的提高和教育模式的转变，越来越多的学校开始关注研学旅行，并组织了一系列具有研学性质的活动，如勤工俭学、爱

---

① 陶行知. 生活即教育[M]. 武汉：长江文艺出版社有限公司，2019.

国主义教育、历史文化探源、红色旅游以及地质生物考察。

我国三大旅行社（中国国际旅行社、中国旅行社、中国青年旅行社）和地方旅行社陆续创建了专门的修学旅游接待部门，结合现有的文化资源推出了富有特色的修学旅行线路产品，接待了众多外国修学旅行者，提升了汉文化的影响力，全国各个地区都积累了很多修学产品组合、组织接待以及安全保障的宝贵经验。

随着中外文化交流的日益密切，研学旅行活动因具有旅游功能得到了空前的发展。2003 年，上海创建了修学旅行中心，编写并出版了《修学旅行手册》，并与江浙皖等地区建立合作关系，联手打造华东研学旅行黄金线路。2006 年，儒家文化的发祥地山东曲阜开展了第一届孔子修学旅行节，这是我国第一个修学旅行节庆活动。2008 年，广东省率先将研学旅行添加至中小学必修课行列中，并将其编写进教学大纲中。

20 世纪 90 年代以来，我国经济以较快速度增长与发展，学生、家长对国内修学旅行、出国游学的需求与日俱增，秉持开放性教育理念的学校着手于修学旅游、海外游学的组织工作。但为了避免发生安全事故，学校组织的修学旅行、海外游学没有大规模发展。

2016 年，原国家旅游局发布了《研学旅行服务规范》，详细规定了服务提供方、人员配置、研学旅行产品、服务项目以及安全管理等几大类内容。2016 年，教育部、国家发改委、公安部等 11 部门联合发布了《关于推进中小学生研学旅行的意见》，文件中明确规定，"中小学生研学旅行是由教育部门和学校有计划地组织安排"。2017 年教育部颁布了《中小学综合实践活动课程指导纲要》，提到"要依据学生发展状况、学校特色、可利用的社区资源（如各级各类青少年校外活动场所、综合实践基地和研学旅行基地等）对综合实践活动课程进行统筹考虑"。

2019 年，教育部组织研究确定增补一门"研学旅行管理与服务"专业。

2022 年 6 月 14 日，人力资源和社会保障部公布 18 个新职业信息，其中包括研学旅行指导师，将研学旅行指导师的定义为"策划、制订、实施研学旅行方案，组织、指导开展研学体验活动的人员"。

（二）研学旅行未来发展趋势展望

1.整体走向协同化：跨界融合

在不久的将来，研学旅行的学生规模将得到进一步扩大。研学旅行的相关主体将会实现跨界融合，包括学校、培训机构、旅行社、研学旅行服务机构以及基地、营地等，在此背景下，研学旅行活动的分散度会呈现下降趋势，行业集中度会呈现上升趋势。现如今，研学旅行涉及的机构越来越多，研学活动的分散程度是影响研学旅行质量的直接因素，研学活动分散程度越高，研学旅行质量就越好。实际上，研学旅行对人才的需求不是单方面的，而是全面、综合的，所以，要想保证高质量的研学旅行活动，各行各业必须全面整合，各自从自身特点出发，全力做好研学旅行的规划、设计与落地执行等工作。

2.研学课程科学化：内容为王

现如今，越来越多的一、二线城市家长注重研学旅行活动课程的教育意义，将更多关注点放到沉浸式的文化生活和体验上，这就意味着未来研学课程的设计要追求科学化、精细化，从而更充分地满足孩子和家长的多元化需求。对于研学旅行组织方和承办方而言，要将工作重心放到开发针对性、体验性的研学项目上，不断开发和挖掘研学旅行活动课程的内容，以防止出现课程内容同质化的问题，追求研学旅行课程内容的知识性、趣味性、开放性、实践性、自主性、整合性。

另外，讲解是研学旅行课程内容的主要呈现方式。为了保证研学旅行课程内容的有效传递，要强调讲解的科学性。总体来说，讲解主要由两部分构成，一是研学旅行服务企业（机构）讲解，二是研学旅行基地（营地或其他研学旅行资源点）解说。为了提高讲解的科学性，一方面，要结合实际情况，适当提升研学旅行服务企业（机构）讲解教师的门槛，不断健全培训、监督制度，不断提升讲解教师的讲解能力；另一方面，研学旅行基地（营地或其他研学旅行资源点）应该建立并完善讲解体系，注重讲解方式的多样化，不断提升讲解方式的互动性、趣味性。

3. 执行团队专业化：研学旅行执业人将成为新兴职业

从某种程度上来看，研学旅行执业人的素质是影响研学旅行课程质量的决定性因素。近年来，各个省市积极推进研学旅行活动，形成了一股不可忽视的研学旅行热潮。目前，全国中小学生可以真正参与研学旅行的人数占很大比例，这意味着对研学旅行执业人的需求日益增加。从现实情况来看，部分研学旅行执业人属于"半路出家"，要想达到优秀水平还需进一步努力，越来越多的从业者也逐渐认识到培育专业研学旅行执业人是一个刻不容缓的工作。研学旅行业的发展会蒸蒸日上，研学旅行执业人将成为紧缺的新兴职业。为了促进研学旅行的可持续发展，确保研学旅行走上正轨，相关部门应该双管齐下，在注重学习教育的同时，加强必要的社会培训，为研学旅行课程的开展输出大批量的专业化人才，从而促进研学旅行的长足发展。笔者认为，在未来几年，将有越来越多的高职院校和本科院校开设"研学旅行管理与服务"专业，或新增与之相关的课程，从而弥补研学旅行专业指导教师的人才缺口。

第二章 研学旅行教育理论之基

第一节　体验式学习理论

体验式学习是以学习者为中心，通过创造真实或模拟的环境，鼓励学习者充分参与社会活动以获得深切的感受、感悟与经验，在交流分享的基础上进行反思总结，形成理论成果，并且将理论成果投入应用实践中。体验式学习理论主要的理论架构包括体验式学习圈、认知发展论、情境创设理论以及认知结构学习理论。

一、体验式学习圈

美国教育家大卫·库伯（David Kolb）将体验式学习看作包括四个步骤的体验循环过程，即具体体验、反思观察、抽象概念、主动验证。[①]

在体验式学习过程中，具体体验是让学习者全身心投入一种新的体验；反思观察是学习者在学习的间隙对已有体验进行思考；抽象概念指的是学习者不仅要正确理解、有效吸收所观察的内容，还要在此基础上使之成为合乎逻辑的概念；主动验证是学习者需要对概念进行验证，并尝试将其运用于策略的制定、问题的解决中。不难看出，体验式学习不仅是一个具有循环性质的过程，还是与实际相结合、进行实际应用的过程。一般来说，学习的目的性是评判学习有效性的重要标准，换言之，明确的学习目的有助于提升学习者学习的效果。同时，学习过程中的反馈环节可以衡量学习的效果。而大卫·库伯的体验式学习圈恰好符合这两点。体验式学习圈理论强调关注每位学习者，根据每位学习者的"学习风格"的差异，采取差异化学习措施。

---

①库伯，伍新春.体验学习 如何让体验驱动学习与发展 [M].季娇，郑秋，译.北京：人民邮电出版社，2023.

二、认知发展论

认知发展论由瑞士儿童心理学家让·皮亚杰（Jean Piaget）提出。在认知发展论视域下，个体在出生到成熟的发展过程中大致会经历以下四个阶段。

（一）感知运动阶段（0～2岁）

处于0～2岁年龄阶段的儿童，其认知发展以感觉和动作的分化为主要表现形式，认知活动更多是通过对感知觉与运动之间关系的探索来不断积累动作经验，逐渐形成图式。0～2岁儿童探索周围世界采取的主要手段是手的抓取和嘴的吸吮。这一阶段儿童的认知能力初步形成并缓慢提升，对身边事物的认知形式从被动反应转变为主动探究。处于感知运动阶段的儿童对于事物的命名还无法使用语言和抽象符号。

（二）前运算阶段（2～7岁）

在感知运动阶段，儿童会获得感知运动图式，且在前运算阶段会内化为表象或形象图式。得益于言语的快速发展，儿童的表象变得逐渐丰富，认知活动不再依靠单一的感知活动。但与此同时，这一阶段儿童的思维依旧受限于具体直觉表象，要想于知觉中解放有很大难度。前运算阶段儿童的心理表象并非内化的动作格式，无法有效地区分自己与外部世界，而是直觉的物的图像。

（三）具体运算阶段（7～11岁）

7～11岁的儿童的认知结构与之前相比有一定改善，并且进行了一定的重组，逐渐形成了抽象的概念，可以进行简单的逻辑推理。可以基于知觉在头脑内形成的感性形象进行逻辑思维与群集运算。需要注意的是，这一年龄阶段的儿童的思维依旧离不开具体事务的支持，所以这一年龄阶段的儿童的训练重点在于事实性的技能训练。

（四）形式运算阶段（11～16岁）

11～16岁，儿童的思维不再依赖具体、可感知的事物，开始迈入形式运算阶段，又称命题运算阶段。此阶段儿童的思维主要以命题形式进行，他们还可以发现命题之间存在的关系，在解决问题的过程中可以运用逻辑推理，可以对符号意义进行理解。形式运算阶段的儿童已经有意识地不受规则的约束，他们经常因为规则与事实不符而选择拒绝规则。

以上四个认知发展阶段的差异并非仅仅体现在"量"这一方面，其还体现在"质"这一方面。前一阶段的行为模式往往整合至下一阶段，且无法进行互换。任何一个行为模式都来自前一阶段的结构。前者为后者奠定基础，后者会代替前者。这四个阶段并非保持阶梯式关系，而是存在一定的交叉重叠。

三、情境创设理论

所谓情境，即环境、情况，指的是由外界、事件、景物、人物关系等若干个要素组成的境地。情境可以简化为"一组刺激"，但在教育领域有着复杂的含义。教学情境是师生双方在"教"与"学"过程中的一种相互刺激模式，是教学环境的一个即时条件。和谐教学情境的构建，需要教师遵循相关的教学要求，结合教学内容，从学生的实际水平出发，构建自由融洽的教学气氛，使学生在情绪上受到感染，与教学内容背后隐藏的情感产生共鸣，从而对教学内容产生深层次的认知和理解。通常来说，教学情境的元素主要包括语言文字、图表、图像、实物材料、人物动作、人际关系等。

在正式实施研学旅行课程之前，学校通常会有目的、有计划地组织学生做好研学旅行前的准备工作，并学习相关知识。因此，与课堂学习相比，研学旅行是一种真实、全新的学习情境，有助于调动学生学习和探索的积极性、主动性。除此之外，在整个研学旅行活动中，研学旅行的准备和学习工作至关重要，其能产生正式学习时的效果，对研学旅行活动起着不可或缺的指导作用。

四、认知结构学习理论

认知结构学习理论的提出者是美国教育心理学家杰罗姆·布鲁纳（Jerome Seymour Bruner）。在这一理论的视域下，任何一个人的学习都需要建立在其自身原有认知结构的基础之上。由于不同知识之间存在着纵横交错的联系，所以人的记忆并非简单地将各种信息堆积储存起来，如概念、事实信息等，而是一个动态多变的结构。人的知识结构不仅是对新知识进行获取和理解的基础框架，还是参加各种联想、推理、思维活动的基础。认知结构学习理论的主要内容包括以下两点。

（一）认知表征理论

所谓认知表征，指的是人利用知觉将外在事物、事件转换成内在的心理事件。认知结构学习理论强调，认知生长的过程实际上就是认知表征系统的形成与完善过程。[①] 认知表征系统的发展大致上经历了以下三个阶段。

1. 动作性表征

0～2岁儿童对于周围世界的了解主要通过动作这一方式。对于3岁以下儿童而言，动作是其形成对事物的认知表征和再现认知表征的中介和手段。

2. 映象性表征

在3～7岁这一年龄阶段，儿童逐渐形成图像或表象，并尝试对自己世界中的事物进行表现。这一年龄阶段的儿童可以对已经发生的事件形成记忆，还可以通过想象力对可能再发生的事情进行预见。根据对于事物的心理表象，儿童能够在不依赖于具体实物的情况下进行心理运算。

---

① 皮亚杰. 儿童的心理发展 [M]. 傅统先，译. 济南：山东教育出版社，1982.

3. 符号性表征

7 岁以后，个体可以借助符号来再现自己的世界，尤其是对语言的使用。符号的形式多种多样，既可以是直接的事物，也可以是现实世界的映象。利用这些符号，个体能够充分发挥自己的抽象思维，对周围事物进行推理和解释。

（二）认知结构理论

1. 结构教学观

学习的过程并非对知识的被动接受过程，而是对知识主动探索的过程。学生在学习学科基础知识的过程中，要侧重于了解知识的基本结构，洞察并知晓内部知识之间存在的连接方式，在新获取的知识和原有的认知结构之间建立起有效联系，从而组合成新的知识体系，由此就能更快速、更轻松地理解、消化、吸收以及运用学科知识。

2. 发现学习法

在日常教学中，教师应该扮演指引者的角色，将课堂主体还给学生，充分调动学生的主观能动性。在正式授课之前，教师需要将教学内容提前告知学生，鼓励学生自主完成相关资料的查阅，以对所学内容有一定了解。在课堂授课过程中，教师要善于设置具有一定引导性的问题，激发学生探究问题答案的兴趣。在讨论学习的过程中，教师不应直接给出答案，而是要让学生自主发现、解决问题，循序渐进地提高学生的学习能力，使学生更好地掌握知识，养成良好的认知。

3. 螺旋式教学

教师在讲解新知识的过程中，要立足当下，结合学生的知识储备情况，妥善、科学地安排教学计划，调整授课内容，综合应用多样化的认知表征（如图片、音频、视频），将新内容巧妙地融入学生已有的知识结构中，从而形成新知识，让学生在获取新知识的同时，进一步巩固原有知识，推动学生知识结构趋于逻辑化、系统化、整体化发展。

第二节　项目式学习

所谓项目，指的是以一套相对独立且相互联系的任务为驱动和指引，充分、合理地利用资源，为特定目标的有效实现所作的努力。由此可见，项目主要是将所制作的作品推销给客户，并借助身边可利用的各种资源，在一定时间内解决若干个相互关联的问题的任务。

项目最初属于管理学科范畴，之后拓展延伸至教学领域，形成了项目式学习。项目式学习（PBL）中的"项目"是一种可以激发学生兴趣、调动学生积极性的探究真实世界的活动。因此，项目式学习作为一种探究性学习模式，是学生在教师的引导下来探究真实世界的课程活动，要求学生充分利用身边的资源，在规定时间内解决若干个相互联系的问题。项目式学习将学生作为主体和核心，让学生参与真实的活动项目，引导学生积极主动探究一系列具有复杂性的真实问题，帮助学生有效解决相关问题，完成知识的构建，并将所学知识有效应用于现实生活中，达到学以致用的目的。

项目式学习中的项目并没有固定的模式，其具有较强的弹性，既可以是以小组、班级、年级为单位的为期一两周的短期项目，也可以是持续全年的长期项目；既可以是单学科课程的项目，也可以是涉及多个学科的跨学科项目。为了激发学生解决问题的欲望，项目式学习中的项目一般包含现实生活中的挑战，聚焦真实存在的问题。

在项目式学习中，教师和学生的角色相比于传统教学发生了实质性变化。对于学生来说，参与项目式学习相当于完成了一个长期的学习任务。在此过程中，学生可以自由决策、合作学习，自主完成知识体系的构建与完善。学生通过解决跨学科项目任务，可以接触多个学科领域，进而轻松地理解各个概念，了解不同学科之间的相关关系。虽然项目式学习具有一定的挑战性，但对学生而言是一件有意义的事，与学生生活息息相关，能够为学生的学习注入动力，使学生保持积极的学习状态。对于教师来说，教师需要摒弃主体性地位的观念和做法，做好项目的设计工作，充分挖掘学生的潜力，扮演好学生帮助者、辅导员的角色。

第三节　学生发展核心素养

学生发展核心素养，是能够支撑学生终身发展和社会发展的必备品格和关键能力。中国学生发展核心素养可以细化为三个方面，即文化基础、自主发展和社会参与，各个素养之间互为补充、相互影响，在不同情境中发挥着各自的作用。本节主要围绕中国学生发展核心素养进行论述。

一、文化基础

文化是人存在的灵魂。文化基础素养的重点在于学习和获取人文、科学等各个领域的知识和技能，对历史长河中传承下来的人类优秀智慧成果进行掌握和应用，提升内在涵养，努力实现真善美的统一，力争成为具备坚实文化基础、具有更高精神追求的人。

（一）人文底蕴

人文底蕴是指学生在人文领域知识和技能的学习、理解和应用过程中，逐渐形成的基本能力、情感态度和价值取向。[1] 人文底蕴这一核心素养可以进一步细化为人文积淀、人文情怀和审美情趣等基本要点。

---

[1] 张怡，孟晴，刘波．研学旅行理念与学生发展核心素养的契合点探讨 [J]．科学咨询（教育科研），2021（6）：21-22．

（二）科学精神

科学精神是指学生在科学知识和技能的学习、理解和应用过程中，逐渐形成的价值标准、思维方式以及行为表现。[①] 科学精神这一核心素养可以进一步细化为理性思维、批判质疑、勇于探究等基本要点。

二、自主发展

自主性是人作为主体的根本属性。自主发展主要强调学生要对自己的学习和生活有一个科学的管理方法，深层次挖掘自身潜力，面对复杂多变的环境能够采取针对性的策略，创造精彩人生，做一个有崇高理想、追求生活品质的人。

（一）学会学习

学会学习主要表现在以下三个方面：一是学习意识的形成；二是学习方式方法的选择；三是学习进程的评估调控。学会学习这一核心素养可以进一步细分为乐学善学、勤于反思、信息意识等基本要点。

（二）健康生活

健康生活主要体现在能够正确认识自我、能够发展身心、能够合理规划人生三个方面。健康生活又可以进一步细分为珍爱生命、健全人格、自我管理等内容。

三、社会参与

社会性是人的本质属性。社会参与主要强调的是学生可以正确认识且恰当处理自己与社会之间的关系，在日常生活和学习中能够自觉遵守和履行现代公民的道德准则和行为规范，具备强烈的社会责任感，拥有良好的创新精神和实践能力，努力实现个人价值，为社会的进步与发展贡献个人力量，逐渐成为有理想、敢担当的新时代好青年。

---

① 游雪绒．基于中国学生发展核心素养的小学博物馆研学课程设计研究[D].上海：上海师范大学，2021.

（一）责任担当

责任担当主要强调的是学生在处理各种复杂的关系的过程中，所形成的情感态度、价值取向以及行为方式。责任担当又可以进一步细化为社会责任、国家认同、国际理解等内容。

（二）实践创新

实践创新主要强调学生应具备良好的实践能力、创新意识、行为表现，进而能够在日常活动中有效解决一系列问题，迎接各种各样的挑战。实践创新主要包括劳动意识、问题解决、技术应用等内容。

第三章　研学旅行教育课程
与实践

第一节　研学旅行课程的分类

　　研学旅行课程既有普通课程的一般特性，又有自身的特殊性。因此，研学旅行课程的分类维度、层级具有多元性，难以用统一的标准和依据进行分类，而且研学旅行作为一门实践课程具有较强的开放性、探索性，所以，在分类上人们也可以各抒己见。基于此，笔者提出以下四种分类标准供大家参考。

一、按照资源类型分类

　　按照资源类型可以将研学旅行产品划分为五大类。

　　一是知识科普型，即以各类博物馆、科技馆、主题展览、动物园、植物园、历史文化遗产、工业项目、科研场所等资源为依托而设计的课程。

　　二是自然观赏型，即以山川、江、河、湖、海、草原、沙漠等资源为依托而设计的课程。

　　三是体验考察型，即以农庄、实践基地、夏令营营地或团队拓展基地等资源为依托设计的课程。

　　四是励志拓展型，即以红色教育基地、大学校园、国防教育基地等资源为依托设计的课程。

　　五是文化康乐型，即以各类主题公园、演艺影视城等资源为依托设计的课程。

二、按照学生在研学旅行中的感受分类

　　基于学生在研学旅行中获得的感受，主要包括学生对祖国山川的自豪感、对中华传统美德的归属感以及对革命光辉历史的崇敬感等，可以

将研学旅行课程划分为以下三大类型。

第一，自然博物主题课程。这类课程以自然历史、地理、生物多样性等为主题，主要目的在于培养学生的环保意识，增强学生对生态系统和生物进化的理解。

第二，传统文化主题课程。这类课程以书法、国画、传统音乐、戏剧、民宿、历史建筑等为主题，主要目的在于增强学生对中华优秀传统文化的理解，并自觉在现代社会中进行传承与弘扬。

第三，红色文化主题课程。这类课程以中国共产党的历史发展、重要人物以及关键事件为主题，主要目的在于加强学生对中国革命的历史背景、精神价值的理解，增强学生对红色文化的崇敬感。

三、按照教育对象的认知能力和水平分类

人的认知能力和认知水平的发展并不是一蹴而就的，而是需要经历由低到高的过程。按照教育对象认知能力和水平的不同，可以将研学旅行课程划分为三大类，即小学研学旅行课程、中学研学旅行课程以及大学研学旅行课程。

对于小学生来说，其认知能力和水平尚处于初级阶段，他们有较强的好奇心，以及丰富的想象力。针对这一教育对象，研学旅行课程要将重点放到观察和体验上，组织直观的活动，为学生提供与自然和社会亲近接触的机会，例如，学校可以组织小学生参观科学博物馆、自然保护区等，激发学生的学习兴趣。

对于中学生来说，其认知能力和水平已经取得一定发展，开始能够理解较为复杂的概念，具备一定的抽象思维。因此，面向中学生的研学旅行课程可以设计历史文化考察、科技创新体验等多元化主题，旨在培养学生批判性思考的习惯与意识，提升学生独立思考的能力、解决问题的能力。

对于大学生来说，其认知能力和水平已经达到了较高的境界，且具

备一定的专业知识基础。面向大学生的研学旅行课程可以适当提升专业度与深度，如可以针对特定学科组织学生进行实地考察。在研学旅行过程中，大学生可以采取田野调查、学术研究等方式，运用已经掌握的专业知识解决相关问题，加强与同学的协作与配合，逐步提升自身的研究及团队合作能力。

四、按照研学资源的教育价值分类

研学资源具有非常重要的教育价值，按照研学资源的教育价值，可以将研学旅行课程划分为三大类，即核心课程、重点课程、一般课程。

（一）核心课程

任何一个教育机构都应该以教育为宗旨和目的，着眼于学生的健康成长，充分发挥自然资源、社会资源的教育价值，聚焦优质资源的教育属性，全力以赴开展好选择、整合与转化工作，打造核心课程，无论是学校还是社会专业机构，都可以打造一批特色核心课程，并不断优化核心课程体系，从而更好地推动研学旅行课程的发展。

总体来看，核心课程的特点主要有以下两点：第一，转化课程的资源应当具有核心价值，即具备独特性、教育性、体验性，既要具备深层次的内涵，还要具备持续性的教育功效。第二，课程设计有着较高的专业度、创新度以及参与度，课程应当具备显著的教育风格，不仅要让学生感受到较强的体验性，还要保证学生与课程资源、学生与学生、学生与研学旅行导师之间较强的互动性，完成知识传递的任务，从而产生事半功倍的教育效果。

（二）重点课程

重点课程对于学生而言也是不可或缺的。重点课程的资源十分丰富，对学生人格的培养有帮助，或者有助于培养学生关键性能力的课程，都属于重点课程资源范畴。

（三）一般课程

一般课程是指研学旅行教育中具有基础性特征的课程。无论是学校还是社会专业机构，都应该遵循课程建设的基本规律，不仅要体现课程建设的逻辑性，还要遵照循序渐进原则，形成核心课程、重点课程、一般课程的梯次结构，做好研学旅行的课程建设工作。

第二节　研学旅行课程的资源

一、研学旅行课程资源的定义

课程资源可以分为广义和狭义两个方面。从广义上讲，课程资源指的是对课程目标的实现起到促进作用的各种因素，是对于学生学习具有帮助的各种各样的素材和条件；从狭义上讲，课程资源的定义局限于形成教学内容的直接来源。基于广义和狭义的课程资源的定义，人们可以将课程资源定义为在整个课程过程中，从课程的前期设计到后期践行等环节，能够利用的人力、物力、社会、自然资源的总和。基于课程资源的定义，可以推导出研学旅行课程资源主要包括学校、教师、学生、家庭、物质和非物质文化遗产、现代工农业基地、科技企业、红色文化遗址、社会各方面的从业者以及自然环境等。简而言之，任何研学旅行中对课程目标的实现、学生学习起到积极作用的资源都属于研学旅行课程资源范畴。

二、研学旅行课程资源的类型

研学旅行课程资源是否丰富、全面、广泛，决定着研学旅行课程实施的效果。作为综合实践活动课程的重要组成部分，研学旅行课程的资源划分应该与综合实践活动课程资源保持一致。总体来说，研学旅行课程资源大致可以划分为三个基本类型，分别是物质资源、人力资源以及文化资源。

（一）物质资源

研学旅行课程的物质资源包括两方面内容，即自然资源和社会资源。

研学旅行中常见的自然资源包括各种自然景观和生态环境，山川河流、森林草原、海洋湖泊等自然景观，是研学旅行中重要的自然资源。国家公园、自然保护区和湿地公园等生态环境，为学生提供了观察和研究生物多样性的平台。研学旅行还可以利用农业和渔业基地作为自然资源，通过实地考察农田和渔场，学生可以学习现代农业和渔业的生产技术，了解农业生物技术和生态农业的最新发展。另外，矿产资源区和地热资源区等特殊自然资源，也为研学旅行增添了多样性，使学生能够从不同角度探究自然界的奥秘。

研学旅行中常见的社会资源主要包括高等院校、工厂、高科技企业、古村落、农业基地等，除此之外，各个地区的博物馆、历史遗迹、贫困地区学校以及社会机构等也属于社会资源。在研学旅行课程实施中，对社会资源的考察是必不可少的内容，由此能组织一系列社会问题探究、社会考察以及社会调查等活动。

（二）人力资源

研学旅行课程的人力资源主要包括两方面：一是校内人力资源；二是校外人力资源。校内人力资源主要包括学校的校长、教师、学生以及学校其他工作人员。校外人力资源相对比较复杂，不仅包括学生家长、研学旅行导师，还包括与课程内容有关的专业、社会相关人员。其中，社会相关人员涉及的群体比较庞大，在研学旅行过程中遇到的每一个人都能成为人力资源，如商贩、工人、农民。

（三）文化资源

研学旅行文化资源不仅包括制度文化、民族文化、科学文化知识以及传统文化遗产，还包括现代信息资源、社会文化活动。我国历史文明源远流长，传统文化博大精深，各种丰富的民族文化、民俗、民间艺术、红色历史等资源，都属于研学旅行课程的文化资源范畴。

为了对研学旅行课程资源的内涵有深层次的理解，实现对课程资源的全方位开发，人们对课程资源进行了分类。需要明确的是，要想分开研究人、物质与文化，具有相当大的难度，研学旅行课程资源的每项内容都具有综合性。以文物为例，其既属于物质资源，又属于文化资源，是物质、人文以及科学技术的综合体。在研学旅行课程实施中，须充分利用周围资源，树立资源随处可见，资源处处可得，人人都可以成为资源，事事也都是资源的动态发展观。

三、研学旅行课程资源的开发路径

研学旅行课程应以学校育人目标为导向，作为一门复合型、多功能的课程，其蕴含着丰富的德育元素，还具有综合实践课程研发的基本样态。为了充分发挥研学旅行课程资源的教育价值，学校和社会专业机构需要做好相关的开发工作。五种常见的课程资源的开发如下所述。

（一）自然资源的开发

对于自然资源的开发，学校和社会专业机构应从专业角度出发，结合当地的环境因素，合理地开发并形成课程资源。在将课程资源转化为具有教育价值的课程内容时，要坚持科学性原则，立足教育对象当下的认知水平，由专业教师把关，避免研学旅行课程成为单一化的学科化活动。例如，在对玄武岩进行考察的过程中，要提前研究当地的地质地貌，了解生物、气候以及相关的社会活动。具体来说，对于自然资源的开发可以从以下三方面入手。

1. 合理选择课程地点

我国自然资源种类繁多、分布广泛。但就某一地区而言，并不是拥有丰富的自然资源就能当成课程地点进行开发。例如，湛江特呈岛潮间带生长着大面积的红树林，红树林密度大小不一，部分区域密度大，部分区域密度小，还有部分区域红树林有间断地带，形成滩涂。对此，人们在选择研学旅行的地点时，就要考虑资源特点等因素。密度过高的红树林会给学生的考察带来一定难度，而地势高的海边土壤湿度较低，相比于滩涂来说，海洋无脊椎动物种类不足。因此，要想对红树林以及这个生态环境中的海洋植物、无脊椎动物物种进行考察，就要选择红树林密度较低且土壤湿度较高的地方作为研学旅行的目的地。

2. 整体开发课程资源

自然资源并不是独立存在的，某一地区的各种自然资源处于一个生态系统当中，它们不仅存在着相互竞争的关系，还存在着一种相互依存、相互作用的关系，尤其是当自然环境中有了人的介入，自然生态往往会发生一定的变化。因此，在课程资源的开发中，切不可对自然资源进行孤立的开发，而是要立足生态视角，对资源特点展开系统性的分析，从整体上开发课程资源。例如，湛江特呈岛蕴含着丰富的海洋资源，这些海洋资源组成了一个生态系统，但是这一生态系统并不是孤立存在，而是会受到人类活动的影响。对特呈岛课程资源的开发，应该将自然资源作为主体，同时不能忽视人类活动这一影响因素，从整体上对课程资源进行开发。

3. 发挥专业人员的优势

在研学旅行课程自然资源的开发中，要善于利用当地的人力资源，如高校、科研机构、专业管理机构，让这些专业人才更好地保障研学实践的开展，为学生参与研究性学习实践活动提供专业的人才保障。例如，在红树林考察活动中，应由专家带队与学生一起进入红树林，进行一系列的科考活动，专家可以为学生考察提供专业性指导，针对学生的提问第一时间提供专业解答。

（二）博物馆资源的开发

博物馆是展示人类文化遗产的重要场所，承载着一个地区的记忆，保存着大量精美的文物。依托这些博物馆的博物馆教育也获得了较大发展。

目前，很多研学课程都融入了博物馆元素，组织学生对博物馆进行参观考察。但需要明确的是，如果博物馆教育只是停留在带领学生看展品、听讲解的层面，那么，博物馆资源的开发效果是十分有限的，不仅深度和广度没有进一步拓展，还缺少足够的效度。基于此，在博物馆资源的开发中，要注意以下三点。

第一，明确博物馆的类型。通常来说，我国的博物馆主要包括四种类型，分别是历史类、艺术类、科学类、技术类的博物馆。要想在较短的时间内对一座城市进行全面的了解，参观这座城市的博物馆是一条有效途径。学生在研学旅行中难免会前往陌生的城市进行学习，了解该城市的历史文化等，如果将本地区的博物馆开发成研学旅行课程资源，在研学旅行中组织学生参加综合性博物馆的研究性学习活动，将有助于从整体上提升学生的考察认知水平。

第二，注重博物馆资源的教育价值。由于博物馆类型多样，因此当学生面对类型不一的博物馆时，需要科学地定位博物馆资源学习的侧重点。在对博物馆进行分析的过程中，学校和社会专业机构需要考虑以下三个问题：①学生采取哪些方式、方法进行学习？②怎样才能实现对学生研究兴趣的充分激发？③学生借助博物馆资源进行自主学习与探究时，如何为其提供针对性指导？

第三，关注博物馆资源开发的系统性。学校和社会专业机构要针对学生所处的不同学段做好难度适中的研学旅行课程设计，引导学生由浅入深地学习，因此，不仅要关注学生在知识、思维方法以及研究能力方面的提升，还要在情感上引导学生不断深入学习。

（三）景区资源的开发

根据旅游资源类型的不同，可以将景区划分为三种类型，一是以人文景观为主的人文景观类景区，二是以自然景观为主的自然景观类景区，三是人文景观与自然景观综合类景区。不同景观具有不同的景区资源。人文景观类景区蕴含着丰富的人文资源，主要包括社会环境、历史文物、人民生活、民族风情、文化艺术、物质生产等。例如，颐和园、兵马俑属于历史遗址景区资源；贵州苗寨属于民族民俗景区资源；苏州园林属于建筑物景区资源。自然景观类景区主要基于当地的自然资源形成，主要包括地理景观类资源、水域风光类资源、生物类资源等。例如，沂蒙山世界地质公园属于地理景观类景区资源；黄果树瀑布属于水域风光类景区资源；海南热带雨林国家公园属于生物类景区资源。人文景观与自然景观综合类景区是指既有人文景观资源又有自然景观资源的景区。如徐州九顶山野生动物园就属于人文景观与自然景观综合类景区，它依托丰富的山水资源规划建设，打造集野生动物观赏、国际马戏演艺、亲子游乐互动、主题酒店体验、休闲观光度假、科普研学教育于一体的沉浸式综合度假区。

对于景区资源的开发，必须坚持生态性原则，在不破坏景区资源的基础上设计课程内容，一方面要充分发挥景区资源的教育价值，另一方面要增强学生的学习体验，帮助学生更轻松地理解与吸收所学知识。另外，课程内容切不可喧宾夺主，景区资源主要是起辅助作用，最终落脚点要回归到教育上，以实现研学旅行的目标。

（四）红色资源的开发

红色资源这一类型的划分源于教育类型角度。红色资源通常指红色旅游资源。日常生活中比较常见的红色资源有革命老区、红军长征沿线、抗日战争与解放战争烈士纪念碑、纪念馆等。红色资源是研学旅行课程非常重要的内容。

在开发红色资源的过程中，开发者要善于利用人力资源。在研学旅行过程中，开发者可以邀请重要历史的见证者，如老红军及其后代、重要事件的亲历者，向学生讲述历史故事，与学生进行交流，培养学生的爱国情怀。充分挖掘人力资源背后所蕴藏的历史，引导学生进行人物采访、生活体验、现场调研、纪念仪式等活动，有助于将红色资源的教育功能最大限度地发挥出来。

（五）课程资源的综合开发

研学旅行课程资源丰富多彩，对于这一资源的开发要遵循综合性原则，有机地结合自然资源、人力资源和文化资源，加强课程资源体系的建设，为课程目标的高效率实现奠定基础。与此同时，开发者要加强对生活化资源的重视。生活化资源主要来自自然、社会及生活，是影响教育效果的重要因素。而教、学、做合一是有效落实生活教育理论的必要途径。因此，在研学旅行课程资源的开发中，开发者要关注生活化资源，以学生日常生活为出发点，深层次挖掘教育资源。例如，学生的生活管理、团队组织管理以及出行安全管理等都可以转化为研学旅行课程资源。

第三节　研学旅行课程的内容

一、研学旅行课程内容的含义

课程内容是课程专家围绕课程目标这一中心和依据，遵循学生身体和心理发展规律，充分考虑学生认识活动的特性，如间接性与概括性、交往性与实践性以及教育性与发展性，再结合课程和教学改革过程中积累的历史经验，对学生需要掌握的知识选编而成的分科或综合性课程纲要及其教科书。简单来说，课程内容是对学生所学课程内容做出谋划和预设。

基于对课程内容的理解，研学旅行课程内容是指根据研学旅行课程目标，遵循不同学段学生的身体和心理发展规律，充分考虑学生认识活动的特性，对学生需要掌握的历史、文化、社会和自然环境等相关知识进行选编，从而构建研学旅行课程体系。研学旅行课程内容主要包括学生旅行参观、考察和体验的研学点、旅游景区、活动场馆、基（营）地的资源及其承载的文化、技术、概念、原理、方法和传递的思想与价值观。

二、研学旅行课程内容的类别

（一）优秀传统文化类

优秀传统文化类课程主要是为了让学生了解中华优秀传统文化核心思想理念并进行传承，弘扬中华传统美德、领会中华人文精神，培养学生的文化自觉和文化自信。这一类课程内容的构建，所选择的研学旅行目的地主要包括文物保护单位、古籍保护单位、博物馆、非遗场所、优秀传统文化教育基地等。

（二）革命传统教育类

革命传统教育类课程主要是为了让学生了解革命历史，学习丰富的革命斗争知识，引导学生树立革命斗争精神，培养学生社会主义核心价值观和时代精神。这一类课程内容所选择的研学旅行目的地主要包括爱国主义教育基地、革命历史类纪念设施遗址等。

（三）国情教育类

国情教育类课程主要是为了向学生普及我国的基本国情，帮助学生了解中国特色社会主义建设成就，培养学生爱党爱国的强烈情怀。这一类课程内容所选择的研学旅行目的地主要包括美丽乡村、传统村落、特色小镇、大型知名企业等。

（四）国防科工类

国防科工类课程主要是为了帮助学生学习和掌握更多的科学知识，激发学生的科学兴趣，让学生掌握各种各样的科学方法，培养学生的科学精神，养成总体国家安全观，增强国家安全意识和国防意识。这一类课程内容所选择的研学旅行目的地主要包括国家安全教育基地、国防教育基地、海洋意识教育基地、科技馆、科普教育基地、科技创新基地、高等学校、科研院所等。

（五）自然生态类

自然生态类课程主要是为了让学生与大自然亲密接触，感受祖国的壮丽山河，逐渐形成爱护自然、保护生态的意识。这一类课程内容所选择的研学旅行目的地主要包括自然景区、城镇公园、植物园、动物园、风景名胜区、世界自然遗产地、世界文化遗产地、国家海洋公园、示范性农业基地、生态保护区、野生动物保护基地等。

（六）劳动教育类

劳动教育类课程主要是为了让学生通过动手操作的方式，掌握劳动技能和职业技能，培养学生的劳动素养，使学生在日常生活中养成良好的劳动习惯和积极的劳动态度，树立勤奋学习、勇于创造的精神。这一类课程内容所选择的研学旅行目的地主要包括现有城乡社区、福利院、医院、博物馆、科技馆、图书馆等。

三、研学旅行课程内容的选择方法

在研学旅行课程践行的过程中，要想有效地培养学生爱家乡、爱祖国的情怀，必须依托恰到好处的课程内容。研学旅行课程内容丰富多样，课程设计者应该采取科学方法进行编选，具体可采取以下六种方法。

（一）学生需求法

所谓学生需求法是指课程设计者以学生的实际需求为依据，选择满足学生需求的课程内容。为了准确了解学生的需求，课程设计者需要对学生需求进行调查研究，以获得相关数据，然后分析这些数据，准确定位大部分学生的需求点，并为学生匹配相应的课程内容。具体来说，在调查研究学生的需求时，可以采取问卷调查法、访谈法的方法，即针对不同学段的学生设计调查问卷，邀请学生参与其中，根据学生的回答情况了解学生的兴趣、爱好，并制定有针对性的活动策略，同时根据调查问卷情况，选择性地走访部分学生，进行进一步的调查，以获得更加翔实、具体的数据。

学生需求法是一种以学生需求为基础，从自然、社会以及学生日常生活入手，确定研究主题，选择课程内容的方法。其有助于学生在学习中积极观察、记录和思考，从被动化为主动来获取知识，最终解决问题。

（二）经验检索法

研学课程设计者只有具备深厚的专业知识和一定的社会经验，才能确保所设计的课程内容的科学性、合理性。经验检索法是课程设计者利用已有的专业知识，使之转化为文字性知识的一种手段。因此，在研学旅行课程内容的选择与设计中，设计者可以根据自己已有的专业知识和经验，将工作方法和技巧巧妙地融入课程。具体来说，经验检索法的应用主要包括以下两个步骤。

第一步，采取第一时间闪烁法进行经验检索。一旦确定课程主题或课程内容大纲之后，课程设计者要在第一时间做好内容的填充工作，结合自己收集整理的素材和经验，根据课程内容大纲进行归类，并有针对性地补充与完善课程内容。这种方法属于一种发散性思维逻辑的开发。

第二步，使用深度搜索挖掘法进行经验检索。在完成对课程内容的大致分类后，设计者要进行深层次思考，挖掘潜藏于大脑深处的内容，

同时在网上查阅相关内容，对课程内容做好进一步补充，

（三）文献研究法

所谓文献研究法，指的是通过查阅书籍、学术期刊以及网络资料等方式，对研学旅行相关规定进行了解，收集和借鉴国内外开展研学旅行的相关经验和成果，为研学旅行课程内容的选择和设计提供良好的理论支撑。部分课程设计者具有丰富的实践经验，但可能在系统理论知识上存在一定不足，而理论书籍、学术期刊中蕴含的理论具有一定的权威性，正好可以弥补以上不足。因此，开发研学旅行课程内容时，课程设计者要重视对相关书籍、学术期刊的查阅，致力课程内容高度、深度的提升，推动课程内容的系统性发展。

（四）经验转化法

所谓经验转化法是指课程设计者总结已有成功经验，将其有效转化到实际的课程设计中的方法。在课程内容开发中，课程设计者不仅可以利用自身已掌握的知识和经验，还能研究其他人、其他学校以往研学旅行的优秀案例。课程设计者面对成功经验应保持学习态度，面对失败教训应引以为戒，还要有效转化优秀经验，并将优秀经验合理应用到自己的课程内容设计当中。

（五）专家推荐法

所谓专家推荐法是指在课程开发与设计中，课程设计者学习和借鉴行业资深专家的知识和经验，查漏补缺，弥补自身知识和经验的不足。在研学旅行课程设计中，设计者不可避免地会遇到技术性问题，这时可向资深专家寻求帮助，寻求问题的解决方法。由此一来，不仅能提升课程内容的可操作性，还能实现对资深专家知识和经验的提炼和转化。

（六）跨领域借用法

所谓跨领域借用法是指课程设计者在开发课程内容时，可以适当融

入跨领域知识和方法，触类旁通，为课程内容注入新鲜血液，提高课程内容的教育效果和吸引力。在跨领域借用法的应用中，课程设计者不能全盘照搬，而是要有选择性地应用跨领域知识和方法。

四、研学旅行课程内容的整合方法

选择好研学旅行课程内容之后，需要采取恰当的方法整合所选择的课程内容，最终确定好与特定主题要求相契合的课程内容。具体可以从以下三方面入手。

（一）增，让内容更丰富

"增"在这里是指增加内容，使课程内容呈现丰富性特点，进一步深化课程主题的广度和深度，从而更充分地满足学生的需求。把握好"增"这一切入点，可以从以下两点入手。

1. 增热点

在围绕主题增加课程内容时，设计者可以引入热点新闻、社会话题等。这些内容的引入，一方面可以拉近学生与课程内容的距离，消除学生对课程内容的陌生感，另一方面可以帮助学生达到学以致用的目的，实现知识与现实生活的有机结合。

2. 增特色

这里提到的特色主要包括师生的特色、地域资源的特色等。研学旅行课程内容的设计中，设计者可以将特色资源转化为课程内容加以引入，打造经典主题。

（二）改，让内容更合理

"改"在这里是改进、改善的意思。设计者通过合理调整课程内容，可以使课程内容不断完善，让内容结构趋于合理，更方便师生互动，从而为学生的全面发展创造更广阔的空间。

1. 改简约

简约精致不仅是课程内容设计的基本标准，也是重要要求。每个主题所对应的活动内容的设计，无论是大活动还是小活动，都要做好有效兼顾，确保每个活动内容是相对独立的，教师可以选择任意一个活动进行二次加工与改造并实践操作。

2. 改坡度

改坡度强调关注课程内容的可接受性，课程内容的选择要与学生认知发展水平相符。一方面，坚持直观性原则，优先选择背景直观的材料，返璞归真；另一方面，坚持启发性原则，精选符合学生发展规律的内容，力争实现"跳一跳，摘果子"。

（三）优，让内容更精致

这里的"优"指的是优化，强调每个系列下的主题都具有科学性、合理性、有效性。

1. 优实践

实践是研学旅行课程的根本，能够使学生处于真实的情境之中，积极地探索、发现、解决问题，并以恰当的方式呈现自己的研究成果。在此过程中，学生的主要任务不能仅限于直接搬用他人知识，而是要尝试各种各样的学习方法，投入体验式学习中，更好地将自己的想法表达出来。对实践的优化过程，体现了设计者对学科核心理念的执着追求和践行。

2. 优能力

优能力强调培养学生的学习能力，促进学生全面发展。在整理研学旅行课程内容时，设计者要设计富有特色的主题，帮助学生在实践中充分运用各种知识进行学习，助力学生综合能力的提升。

在研学旅行课程内容的整合中，设计者通过"增、改、优"这三个路径，可以让研学旅行课程内容更具吸引力，使其更具丰富性、合理性、精致性，使活动内容由"可遇"转变为"可求"。

第四节　研学旅行课程的实施

研学旅行课程实施框架是影响实施者明确实施流程的决定性因素，普适、合理、全面的研学旅行课程实施框架，可以使研学旅行课程实施流程一目了然，有助于实施者从整体上进行掌握，明晰各主体职责，为课程的高效率实施奠定基础。为表达方便，可以将研学旅行课程实施框架划分为三个阶段，即研学旅行课程实施行前阶段、行中阶段与行后阶段。

一、研学旅行课程实施行前阶段

（一）研学旅行教育服务机构

在研学旅行课程实施中，研学旅行教育服务机构作为课程组织的主体，在整个过程中主要发挥着桥梁、纽带的作用。在行前准备阶段，研学旅行教育服务机构需要做好充分的前期准备工作，加强与学校、家长、地接方以及活动资源方的联系，与之展开全方位的沟通与协调。

1. 确认各项工作事宜

研学旅行教育服务机构要与学校进行大量沟通，共同确认各项工作事宜，包括课程设计、组织实施方式、行程安排以及生活保障等。

2. 做好物资准备

以课程内容为主要依据，准备好研学旅行课程实施需要的物资，如实验器材等。准备好之后及时将物资发放给相关人员。

3. 召开行前会

研学旅行教育服务机构密切配合学校教师，举办学生行前说明会和家长会，在会上明确活动内容、公布行程安排、明确出行必备物品以及强调注意事项等。

4. 共建组织结构

研学旅行教育服务机构联合学校，一起完成研学旅行课程实施管理组织结构的创建，明确岗位职责，责任落实到人，制订课程实施方案。

5. 实施前置课程

结合学习需要为学生提供自主学习资料。提前与教师沟通，为其提供项目研究前期指导，确定研究课题，开展课题论证。

6. 进行辅导员培训

将研学旅行导师、辅导员召集到一起，组织集体备课活动，进一步明确课程设计意图，精心选择教学方式，解读课程实施方案，从知识和方法两个层面入手为研学旅行活动课程实施提供指导。

7. 加强沟通与协调

加强与各资源单位的沟通与协调，为课程实施中各项工作的有效落实奠定基础。

8. 提供家长咨询服务

与家长取得联系并提供咨询，耐心做好解答指导等工作。

（二）学校

在研学旅行课程实施中，学校既是主体又是核心，从课程的设计到实施再到评价等环节，学校都要做好监督、指导和管理工作。学校在研学旅行课程实施中的主要任务有以下五点。

1. 构建整体课程

学校要以教育内容为依据，对研学旅行的整体方案进行确定。有效整合与连接研学旅行课程与综合实践活动课程的常态课程，将学校的多样化活动融入研学旅行课程中，如主题活动、团队活动、特色活动、学科实践活动等，从整体上创建与完善研学旅行课程框架，在课程方案的编写中充分发挥主导作用，为研学旅行实践育人功能的实现奠定基础。

2. 建立领导小组

考虑到研学旅行课程具有一定的特殊性，学校应该与研学旅行服务机构建立合作关系，一起创建研学旅行课程实施的管理组织系统，成立专门的领导小组，并安排专人负责，明确责任分工，形成强有力的教育合力，为课程有条不紊的实施提供组织保障。

3. 实施前置课程

学校可以以主题活动内容为依据，通过专家讲座等多样化的手段与途径为学生提供前期课程内容。如研学旅行生活指导课、项目研究方法指导课、行前准备妙招分享课、安全风险评估课、自主学习交流课等课程，为后续师生的安全出行做好全方位的准备，包括生活准备、学习准备、心理准备以及评价准备等。

4. 做好旅行安全指导工作

学校要坚持以人为本，与教师、学生共同完成各项规章制度的学习和制定，帮助学生掌握更多突发事件的应急处理方法，提高学生应对突发事件的能力，为研学旅行的生活安全做好准备。

5. 发挥行前课程对学生能力的培养作用

行前课程的践行，有助于培养学生综合能力，如自理能力、自主合作能力、研究能力、创新能力。因此，学校及教师要发挥行前课程的积极作用，根据行前相应内容，对学生综合能力进行培养，为后续行中课程对学生综合能力的培养夯实基础。

（三）学生

在行前阶段，为了全身心投入研学旅行的学习中，学生需要从两方面做好充分准备。一方面，学生要做好学习与研究的准备。对于项目的研究，学生需要以研学旅行课程设计方案为引导，在教师的协助和启发下，确定好选题，快速组建项目研究小组。小组内部相互合作完成研究方案的制订，并在听取教师意见的基础上进行修改与完善，学习研究方法，进一步细化活动过程，构建活动成果评价方案。学生要积极收集一手资料，为研学旅行课程的高质量实施做好充足的学习与研究准备。另一方面，学生要做好旅行生活的准备。主要包括物资准备、旅行心理准备等。

（四）家长

家庭是研学旅行课程实施的有力保障，家长不仅可以为学生参加研学旅行活动提供物质基础，还能提供重要的心理和学习引导。在行前阶段，家长需要做好以下四方面工作。

1. 提供生活保障

在出行前，家长要辅助学生准备好旅行所需的物品，这在无形之中可以锻炼学生的生活能力和自我管理能力。家长要充分考虑学生的体质状况、生活习惯、饮食特点等实际情况，并结合研学旅行活动需要，做好妥善的安排，为学生更快速地适应研学旅行生活做好生活上的指导工作。

2. 做好心理引导

由于学生是以集体的形式参与研学旅行，所以家长有必要指导学生从心理上做好集体生活的准备，强调遵守社会公德的重要性，要求学生遵守活动中的各项规章制度。家长可以结合以往的生活经验，为学生预测、评估研学旅行中可能面对的困难与挑战，给学生打好"预防针"，让其做好迎接旅行中各种困难与挑战的心理准备。

3. 提供学习指导

做好学习准备有助于提高学生研学旅行的学习效率。因此，家长有必要加强对学生学习准备的引导，发挥自身的督促与协助作用，确保学生学习并掌握学前课程，如自主调研、文献资料的收集与分析。针对部分课程内容，家长可以与学生共同完成研学旅行攻略的制定，为学生高效率完成相关课程的学习做好准备工作。

4.告知孩子情况

家长比教师等其他人更加了解自己的孩子。由于研学旅行活动具有一定的特殊性，因而家长需要将孩子身心方面的特殊情况提前向学校或教育服务机构说明，全方位评估孩子能否参加研学旅行活动，签订责任书，保证孩子的人身安全。

二、研学旅行课程实施行中阶段

课程行中阶段是研学旅行课程实施的主要阶段，对于学生而言至关重要，学生需要在此阶段与自然和社会进行广泛与深入的接触，通过实践与亲身体验的方式，认识到自己与自然、社会之间的密不可分的联系，并收获知识与技能。在这一阶段，各课程实施主体的积极参与，影响着课程实施的效果与质量。

（一）研学旅行教育服务机构

在研学旅行课程行中阶段，研学旅行教育服务机构的服务要有较高的专业性，这对研学旅行课程实施的质量具有直接影响。

1.做好生活保障

旅行生活的主题包括六大要素，即吃、住、行、游、购、娱。以旅行生活为基础的学生研学旅行活动主要以作为生活保障的吃、住、行三要素为主。首先，研学旅行教育服务机构要针对不同学段的学生，做好出行保障。例如，在研学旅行课程实施过程中，对于交通工具如飞机、高铁的选择，研学旅行教育服务机构要坚持高效性原则，确保所有团队成员能准时、安全、有序地乘坐交通工具。与此同时，研学旅行教育服务机构要充分考虑学生的心理感受，尽量不要过早集合，避免候机（车）时间过长，浪费不必要的时间。其次，在住宿方面，尽可能地将一个团队的成员集中到一起，研学旅行教育服务机构要提前与酒店做好协商，确保团队成员能准时、高效地办理好入住。最后，在就餐安排方面，研学旅行教育服务机构要结合行程安排，在保证食品安全的基础上，全面做好餐厅的选择、菜品的搭配等工作。需要注意的是，研学旅行教育服务机构要提前了解学生的身体状况，避免选择易引起学生过敏的食物，如腰果、海蟹等。

2. 关注动态生成

教育无处不在，每个角落里都可能有教育的气息。综合实践活动课程强调在活动实施中关注动态生成，如学生的兴趣与需求、现场教学与互动、评价与反馈。由于很多机会是稍纵即逝的，所以指导教师要善于抢抓教育时机，抓住动态出现的资源。研学旅行教育服务机构要与学校展开协商，适时适当地增加或调整活动设计内容与方案。

3. 做好组织协调

研学旅行活动包括组织安排、课程实施、资源协调、整体调控过程，而研学旅行教育服务机构在这些活动过程中肩负着重要的管理责任和实施责任。研学教育服务机构要从整体上把控研学旅行课程的实施，对不同环节中涉及的若干个要素进行有效协调，为活动内容有条不紊的落实以及不同活动的无缝衔接提供保障。在研学旅行课程组织协调中，研学旅行教育服务机构要重视学生的主体作用，有意识地为学生创造更多的机会，鼓励学生参与组织协调，促进学生全面发展。

4. 规范学习流程

研学旅行课程实施的行中阶段包含两个核心环节，即考察探究、实践活动。有效性的学习活动通常具备固定的学习流程。目前，部分研学旅行教育服务机构已经建立了自己的学习体系，总结归纳出每个课程的基本流程，如自主学习—提出问题—实践探究—合作分享—拓展延伸等。而且这些机构对于每一个学习环节都提出细致化、规范化的要求，有助于研学旅行课程的有序实施。

5. 提供学习指导

在研学旅行课程实施的行中阶段，研学旅行教育服务机构应该以课程实施方案为依据，结合其中明确的人员分工和工作细则，有计划、有目的地完成相应工作。例如，对于总领队而言，其主要任务在于组织协调好整个活动；对于研学旅行导师而言，其需要与学校教师进行沟通交流，共同完成课程实施工作，为学生答疑解惑，提供学习和生活上的帮助，做好学情分析，选择合适的教学方式，为研究性学习的顺利进行提供保障。

6. 组织过程评价

研学旅行导师应该针对每位学生在研学旅行中的学习和生活等方面的表现进行评价，采取过程性评价方法。辅导员可以与学校教师一起，共同为学生提供个性化指导，鼓励学生进行评价，发挥评价的激励和导向作用。

7. 处理突发事件

在研学旅行课程实施的行中阶段，如果遇到突发事件，研学旅行教育服务机构要根据应急预案的相关要求推进工作，明确相关人员的职责。例如，如果出现了学生伤病等个体事件，研学旅行教育服务机构要与学校共同处置，及时采取救治措施，与学生家长第一时间取得联系；如果出现团队整体事件，可以由双方领队协商，坚持以学生为本，最大限度地减少影响与损失。

8. 协调资源单位

研学旅行活动中团队人数通常比较多，所选地点并不固定。因此，研学旅行课程的实施有必要提前做好安排与规划工作，减少不必要的等待时间，从而增加有效学习的时间。为此，研学旅行教育服务机构需要做好周密的计划，提前对接好相应资源单位，将实施细节落实到位。

9. 进行每日总结

当天活动结束后，研学旅行教育服务机构应进行及时的总结与反馈，有针对性地调整整个活动，进而提高活动的有序性。第一，组织研学旅行导师、辅导员参与会议活动，分享每日工作情况，科学部署接下来的工作。第二，组织学校领队和学校教师参加协调会，会上学校和教师针对下一步工作提出个人意见。第三，及时了解家长的反馈，为家长答疑解惑，开展好协调工作。通常情况下，由教师与家长进行联系，教师将家长意见和疑问反馈给研学旅行机构的领队，由研学旅行机构的领队与研学旅行导师进行交流。

（二）教师

1. 开展交流评价

在研学旅行课程实施中，教师与研学旅行导师要以活动设计方案为依据，为学生学习提供有效性指导，帮助学生参与考察探究活动。首先，每日组织学生以小组为单位进行交流，鼓励学生分享与表达自己一整天的感受、发现、收获，进一步强化学生的情感体验。其次，教师与研学旅行导师要每日提醒并督促学生完成指导手册，将所见所闻所感及时记录下来，并引导学生积极开展交流评价。最后，教师与研学旅行导师要结合学生在学习中的表现，对学生进行即时评价，激发学生的学习兴趣，为学生进行深入学习提供指导。

2. 重视课程的动态生成性

在考察探究活动中，教师和研学旅行导师要重视课程的动态生成性。在日常旅行考察中，学生会遇到有趣又奇怪的现象，并提出各种各样的问题。教师和研学旅行导师要结合现实生活中复杂、生动的新情况和问题，对原有课程设计方案做出针对性的调整。例如，有一名学生在乘坐大巴车途经某城市时发现一个奇怪的现象，即骑共享电车的人非常多，且以年轻人居多，并提出疑问："为什么这座城市骑共享电车的人群如此庞大？且以年轻人为主？"这个问题不仅是一个综合性问题，还是一个值得深思的问题。教师和研学旅行导师应该对学生的提问提出表扬，在此基础上引导学生透过表面问题深入观察和多元思考，研究影响这一现象的综合因素。

（三）学生

1. 积极开展研究性学习

学生的研学主要包括两方面内容，一是课题研究，二是在研学旅行导师的带领下参与广泛的考察学习。在行中阶段，"研"是主要内容，学生要学会在"研"中学。学生需要以行前阶段的课程方法为依据，有目的地参与课题研究，综合应用多种研究方法，以获得事实资料（数据），并在此过程中不断发现、提出新的问题，增强学习的深度。

2. 及时记录一手资料

学生在考察学习中不能停留于表面，而是要充分收集课题研究的一手资料，并做好记录。学生每日都要完成指导手册，将在考察探究活动中获取的知识、见闻、体验与感悟及时地记录下来，特别是感悟，因为学生一旦离开特定场景就容易淡忘特定记忆，所以要及时做好记录。

3. 交流感悟

在研学旅行中，学生要及时与教师、辅导员、同学交流感悟，这样不仅有助于促进学生自身情感的发展，还能促进学生正确价值观的形成。另外，在交流过程中，学生要善于欣赏与学习同学的指导手册，学习有效、高效的学习方法，树立积极的学习态度。

4. 增强自理能力

由于研学旅行生活没有家长的陪伴，所以，学生需要独立走完整个研学之旅。这就需要学生具备一定的生活自理能力，懂得互帮互助，适应集体生活。学生还需要保管好自己的财物，采取恰当措施保障财物安全。

5. 践行社会公德

在研学旅行过程中，无论是进出各种公共场所，还是处于自然生态环境当中，学生都必须自觉遵守各项规章制度，积极践行社会公德。

（四）家长

1. 提供专业支撑

学生家长从事的职业多种多样，不同职业的家长有不同的专业技能知识。在研学旅行课程实施的行中阶段，针对学生遇到的困难和挑战，家长可以发挥自己的职业优势，为学生提供专业知识支撑与方法指导。

2. 开展心理疏导

作为学生家长，不仅要针对学生日常生活中遇到的问题提供正确的生活指导，配合好教师的工作，扮演好教师帮手的角色，还要密切关注学生的心理变化，发现问题要及时协调，做好学生的心理疏导工作。家长要提前向教师了解相关要求并严格遵守，在研学时间不打扰学生生活。通常学生或教师会每天向家长汇报当天的情况，家长要认真倾听学生心声，加强对学生心理的疏导，鼓励学生勇于直面各种困难，为学生提供积极的心理辅导。

3. 引导学生消费

正确的消费观可以增强学生的消费意识，培养学生良好的生活习惯。家长要有意识地引导和合理控制学生的消费，培养学生对零花钱的规划和使用能力，逐步提升学生的财商。

三、研学旅行课程实施行后阶段

研学旅行课程的行后阶段也是必不可少的，其不仅是研学旅行活动成果物化的重要阶段，还是引导学生树立正确情感价值观、提升创造能力的关键阶段。

（一）研学旅行教育服务机构

1. 参与展示交流活动

研学旅行活动告一段落之后，学校通常会组织多样化的研学成果展示交流活动。作为研学旅行课程实施的主体，研学旅行教育服务机构应该积极参与学生组织的成果展示交流活动。一般情况下，研学旅行教育服务机构的业务对象具有多样性特征，从分布上来看具有广泛性。基于此，研学旅行教育服务机构可以充分发挥纽带、桥梁作用，组织不同城市、不同学校的学生参与同一主题的研学旅行展示交流。在展示交流环节，研学旅行教育服务机构可以通过线上方式，组织不同学生参与校际的跨区域学习交流活动。

2. 参与学生评价活动

在整个研学旅行课程的实施过程中，研学旅行教育服务机构的研学旅行导师与学生在一段时间内朝夕相处，对学生生活、学习、品行等方面的表现有了一定程度的了解。研学旅行导师可以参与学生评价活动，为学生提出合理性建议，为学生综合素质评价提供参考依据。

3. 指导学生拓展延伸

学生研学旅行归来后，研学旅行教育服务机构应该为学生的课程拓展与创新提供及时的指导，使学生将学习与思考有机结合到一起，研学旅行教育服务机构应在成果的形成与整理方面为学生提供明确的指导，主要包括材料数据的整理、缺失材料的补充以及成果的形成与展示等。在成果呈现上，研学旅行教育服务机构应为学生提供一些方式与方法的指导，包括PPT成果汇报、班级成果汇编、小组制作主题手抄报、小组合作编写文明游览的宣传册等。

4. 总结反思研学课程

研学旅行活动结束后，研学旅行教育服务机构应该做好反思与总结工作，结合研学旅行课程的实际开展情况，提出有建设性的措施和有指导性的意见。一方面，研学旅行教育服务机构应该对师生在研学旅行活动中的收获进行总结，肯定研学旅行活动的重要性；另一方面，研学旅行教育服务机构应对课程内容设计与组织实施过程中存在的问题进行反思，进一步规范研学旅行课程内容，更好地挖掘研学旅行课程资源，优化研学旅行课程评价机制，促进研学旅行课程教育质量的提升。

5. 开展研学旅行导师评价交流活动

针对研学旅行课程的组织实施情况，研学旅行教育服务机构要从整体上对研学旅行导师进行多方面的评价，包括学生管理、活动组织、学习指导、团队协作、责任担当、教育智慧等方面，解决研学旅行导师暴露出来的共性问题和个性问题，进一步提升研学旅行导师的综合能力、课程和项目研究的指导能力，提高研学旅行课程的标准化、课时化，推动研学旅行导师专业化发展。

（二）学校

1. 为展示交流提供各项保障

学校要重视研学旅行课程施行后阶段的各项工作的开展，尤其是交流展示环节。做好各项组织工作，为展示、交流、评价等选择合适的场地，安排合适的时间。例如，学校可以在礼堂举办展示研学旅行成果的交流活动，保证课时，组织不同学段、不同班级的学生通过多样化形式展示成果。

2. 加强学生评价

学校要重视研学旅行课程评价的管理工作，在学生综合素质评价体系中融入研学旅行学生评价这一内容，不断提高学生的综合素养。

（三）学生

1. 物化探究成果

学生结束研学旅行之旅回到学校后，需要以课题研究方案为依据，整理、分析研学中获得的各种资料、数据，以小组为单位探讨研究问题，得出结论，并完成研究报告的撰写。学生要积极主动参与交流活动，可以通过照片、素描、诗歌、手工制作等方式展示团队研究成果，彰显个人风采。

2. 交流体验感悟

学生通过研学旅行会获得很多体验，情感上可能会发生强烈变化，心灵深处也可能会有所触动。在交流阶段，学生要大方表达自己的看法，用正能量影响他人，进一步强化自身的情感，树立正确的价值观。

3. 实现创意物化

在拓展延伸环节，学生主要是对研学旅行过程中所捕捉到的灵感进行加工、提炼与整理，实现创意物化。例如，结束西安研学旅行之后，一个学生从肉夹馍中得到灵感，发挥自身想象力、创造力，自主研发适合儿童口味的肉夹馍；结束喜峰口研学旅行之后，一些学生可以结合抗战遗址特点，设计红色文创产品。

（四）家长

研学旅行结束之后，家长要对学生各个方面加以关注，全力以赴帮助学生固化成果。

1. 关注孩子成长

家长要主动询问孩子研学旅行的体验感悟，在时间、条件允许的前提下，积极主动地参加学校组织的交流活动，密切关注孩子成长。

2. 固化学生自理成果

在研学旅行过程中，学生在生活方面脱离了家长在生活上的全方位悉心呵护，生活自理能力往往能够得到显著的提升。针对此，家长要趁热打铁，在日常生活中继续为其创造一定的生活自理空间，在生活上进一步固化学生的自理成果。

3. 家校结合，社区拓展

社会服务是综合实践活动课程的重要组成内容。研学旅行成果的展示，可以依托社区这一平台。例如，研学旅行活动结束后，学校可以与所在社区展开合作，以"感悟生命的意义和价值"为主题，与家长携手，组织宣讲团，在社区进行大力度、大范围宣讲，增强学生对生命的理解。

四、研学旅行课程实施三个阶段的基本过程及内容概括

研学旅行课程实施行前阶段、行中阶段、行后阶段基本过程内容概括如表 3-1、表 3-2、表 3-3 所示。

表 3-1　研学旅行课程实施行前阶段的基本过程及内容

研学旅行教育服务机构	学校	学生	家长
①确认各项工作事宜 ②做好物资准备 ③召开行前会 ④共建组织结构 ⑤实施前置课程 ⑥进行辅导员培训 ⑦加强与各资源单位的沟通 ⑧提供家长咨询服务	①构建整体课程 ②建立领导小组 ③实施前置课程 ④做好旅行安全指导工作 ⑤发挥行前课程对学生能力的培养作用	①做好学习与研究的准备 ②做好旅行生活的准备	①提供生活保障 ②做好心理引导 ③提供学习指导 ④告知孩子情况

表3-2 研学旅行课程实施行中阶段的基本过程及内容

研学旅行教育服务机构	教师	学生	家长
①做好生活保障 ②关注动态生成 ③做好组织协调 ④规范学习流程 ⑤提供学习指导 ⑥组织过程评价 ⑦处理突发事件 ⑧协调资源单位 ⑨进行每日总结	①开展交流评价 ②重视课程的动态生成性	①积极开展研究性学习 ②及时记录一手资料 ③交流感悟 ④增强自理能力 ⑥践行社会公德	①提供专业支撑 ②开展心理疏导 ③引导孩子消费

表3-3 研学旅行课程实施行后阶段的基本过程及内容

研学旅行教育服务机构	学校	学生	家长
①参与展示交流活动 ②参与学生评价活动 ③指导学生拓展延伸 ④总结反思研学课程 ⑤开展研学旅行导师评价交流活动	①为展示交流提供各项保障 ②加强学生评价	①物化探究成果 ②交流体验感悟 ③实现创意物化	①关注孩子成长 ②固化学生自理成果 ③家校结合，社区拓展

第五节 研学旅行课程的评价

一、研学旅行课程评价的价值取向

作为一种认知活动，课程评价的开展对于课程的实施具有重要的导向、诊断、反馈以及改善作用。研学旅行课程评价的价值导向，决定着研学旅行教育功能的发挥。作为综合实践活动课程的重要组成部分，研学旅行课程评价在价值取向上要与综合实践活动课程保持一致，即要在一定程度上淡化对基础性学科知识技能掌握的评定，更加关注知识的综合应用与理解，以及学生综合素质的发展水平。

（一）情感、态度与价值观的价值取向

在研学旅行课程评价中，情感、态度与价值观是重要的价值取向。在这一价值取向导向下，研学旅行课程评价主要聚焦于评价学生在课题研究中体现出来的态度是否积极；学生在生活和学习中是否具备较强的合作意识；学生在旅行中是否表现出良好的互助精神；学生在参观考察环节是否具备较强的规则意识以及环境保护意识；学生在旅行中所外显的价值观是否正确；学生对传统文化是否有一定了解等。

（二）体验与感受价值取向

在研学旅行课程评价中，体验与感受价值取向是不同于其他学科的价值取向，这是由这门课程所具有的较强的实践性特征决定的，是课程评价中过程与结果统一的体现，也是课程评价的难点。具体来说，体验与感受价值取向下的研学旅行课程评价，主要聚焦于评价学生在主题探究活动、考察参观工农业基地以及与自然和社会的接触中的表现。

（三）能力价值取向

研学旅行课程评价的能力价值取向主要取决于综合实践活动课程目标要求学生具备的问题解决、创意物化的能力。在研学旅行课程评价中，对于问题解决能力的评价，主要聚焦于学生在与自然和社会的接触过程中，是否可以找到主要问题并准确把握问题性质，进而将问题转化为课题，完成课题研究方案的制订；是否可以围绕问题对相关信息进行收集、筛选及分析，做出合理的解释，并采取多种检验方法来验证解释的合理性。对于创意物化能力的评价，主要聚焦于学生能否采用多种工具与技巧，进行方案的设计，并将创意化方案付诸实践，转化为物品或作品。

（四）知识与技能的价值取向

从知识与技能这一价值取向上来看，研学旅行作为综合实践活动课程的重要内容，要注重评价学生综合运用学科知识与技能的水平，以及在实践中对于知识的构建情况。

二、研学旅行课程评价的基本原则

课程评价是课程建设的最后一个环节，是对课程意义与价值做出判断的活动。研学旅行课程评价的开展，需要遵循以下三个基本原则，以保证评价的客观性、有效性。

（一）方向性原则

研学旅行课程评价要坚持方向性原则，坚持将发展观作为指引，将评价作为手段和途径推动被评价者的成长与发展。导向作用是课程评价的核心。

在学生评价方面，方向性原则主要体现在以下三个方面：一是聚焦于评价内容中对学生发展具有显著影响的因素；二是根据学生的行为表现分析其背后体现的情感、态度、价值观；三是在研究性学习活动中，关注学生找到的创造性地解决困难的方法，以及克服困难的意志品质。

在教师评价方面，方向性原则主要体现在以下几方面：在研学旅行课程设计与实施中，通过评价为教师提供建设性的意见反馈，引导教师从客观上看待课程实施情况，持续性提升课程实施的水平。

在学校评价方面，方向性原则主要体现在以下几方面：根据学校所在地区的教育发展水平，从学校实际情况出发，对学校对研学旅行课程管理规划和实施的动态情况进行全方位评价，不断强化学校对研学旅行课程的管理力度。

（二）指导性原则

在现代教育评价理念下，评价的最终目的并非证明，而是改进，不是要给学校、教师、学生划定一个等级，而是要将评价的指导作用最大限度地发挥出来。依托评价这一方式，一方面要将评价信息及时反馈给被评价者和参与评价的群体，另一方面要针对被评价者暴露的问题，提供指导性的建议，不断改进课程实施效果。

对于学生来说，指导性原则强调，在研学旅行的各个阶段、各个环节，教师都要对学生表现出来的积极因素进行及时的认可与表扬，通过评价为学生提供指导性建议，帮助学生认识到自己存在的问题与不足，使学生学会换个角度看问题，剖析问题背后的原因，找到解决方法，深入进行实践活动。

对于指导教师来说，指导性原则同样适用。指导教师在研学旅行中每天定期参与例会活动，反思当天存在的问题，通过互相评价，优化指导教师的后续工作，提高指导教师的指导水平和引导能力。

（三）客观性与公正性原则

坚持客观性与公正性原则，可以使研学旅行课程评价结果具有更强的权威性。坚持客观性与公正性原则，可以从以下四方面入手：第一，兼顾结果，注重过程。课程评价既要关注被评价者在研学旅行过程中取得的结果，也不能忽视被评价者在课程实施中取得结果的过程。第二，在课程评价过程中，为了保证评价的公平性，被评价者应享有充分的发言权。例如，当学生因为特殊原因迟到时，学生有权利说明迟到的原因。第三，采取多元化方法和手段，从多角度入手进行综合性评价。例如，即时评价、利用量表的表现性评价、描述性评价及利用学生研学旅行中的生命叙事（故事）的评价等。第四，及时收集评价证据。课程评价要做好写实记录。教师要引导学生将自己每天参与活动的情况如实记录下来，包括活动主题、持续时间、扮演角色、任务分工以及完成情况等，认真完成活动记录单的填写工作，同时收集相关事实材料，包括即时评价、利用量表的表现性评价、描述性评价及利用学生研学旅行中的生命叙事（故事）的评价等。活动记录、事实材料要保证真实性，使研学旅行课程评价有据可循。

三、研学旅行课程评价的内容

研学旅行课程是以全体中小学生为教育对象的一门课程，这一课程的开发、组织、实施的主体包括学校、教师、学生、教育服务机构以及旅行社等。具体来说，综合实践活动课程的组织管理实施主体是学校，课程学习的主体是学生，学习指导的主体是教师，课程资源开发与设计的主体是教育服务机构，课程实施落地的保障主体是旅行社。基于此，学校、指导教师、学生、教育服务机构以及旅行社是研学旅行课程的评价对象。研学旅行课程评价的内容主要包括以下四方面。

（一）学校研学旅行课程管理与实施的评价

对于研学旅行课程而言，学校作为组织管理实施的主体，其办学理念和对综合实践活动课程理念的理解，是研学旅行课程评价的首要内容。

具体而言，学校要构建综合实践活动课程管理与教研制度，组织全体研学教师进行全员培训，逐步提升教师研学旅行活动设计与指导能力；发挥综合实践活动课程教师的引领作用，带动研学旅行课程教师开展全员教研；构建科学的档案管理制度，不断提升课程管理水平；建立安全保障制度，为课程实施提供保障；以班级、年级或全校为单位，深层次、广泛交流研学旅行成果；在学生综合素质评价中，将研学旅行课程评价融入进来。

（二）研学旅行课程方案与实施的评价

对研学旅行课程方案与实施的评价，要秉承发展的观点，主要评价内容包括：课程设计是否从学生已有经验出发；课程设计是否具有实践性特点；课程设计是否以学生为主体突出体验活动；课程设计是否体现学生自主学习；课程设计是否突出研究性学习，让实践"落地生花"。除此之外，对于课程方案的评价，评价者还要评价课程主题是否突出、内容是否系统、是否关注动态生成等。

（三）研学旅行导师的评价

在研学旅行课程中，教师的角色从根本上发生了转变。与之相适应，对研学旅行导师的评价，主要是对导师素养水平进行全方位、多元化的评价，确保教师能够高质量完成研学旅行课程活动的设计、组织、指导以及监控等工作。但是，由于研学旅行课程往往规模较大，不少学校与相关教育服务机构建立合作关系，研学旅行导师涉及人员较为复杂，包括学校综合实践活动教师、研学旅行导师（校外研学辅导员）等，所以，对研学旅行导师的评价应该聚焦于学校综合实践活动教师和研学旅行导师（校外辅导员）上。评价主要是为了让教师共同围绕研学旅行课程实施中的内容进行分析研讨，包括课程理念、实践经验，提出针对性的建议，致力教师和研学旅行导师的专业化发展，而不是评判教师优秀与否。研学旅行课程指导教师的评价内容主要包括以下几点：教师理解与把握课程的程度；教师在研学旅行活动中表现出的组织、管理、协调以及应变等能力；在学生综合实践活动中，教师和研学旅行导师对学生的指导情况；教师和研学旅行导师的教育科研能力和水平；教师和研学旅行导师的再学习态度；教师和研学旅行导师对新型人才观、价值观的理解与应用情况。

（四）研学旅行课程学生的评价

研学旅行课程的根本目的在于促进学生的全面发展。学生是研学旅行课程的实施对象与主体，对其学习态度和发展水平的评价，是研学旅行价值判断的重要依据。研学旅行课程学生的评价内容主要包括以下几点：在研学旅行活动中，学生表现的发现问题的意识和能力；学生表现的对于信息的收集、分析以及解决能力；学生表现的规划能力；学生运用研究方法的数量和熟练程度；学生对于研学的态度；学生在活动中表现的合作意识和能力；学生在活动中对技能的运用情况；学生对文化的理解程度和审美表现；学生在参观考察中遵守社会规则的意识和行为；学生在研学中表现的自理自立能力；学生表现的自我学习能力；学生科学观、价值观的发展；学生的学习成果等。

四、研学旅行课程的学生评价

（一）研学旅行课程学生评价的方法

1.发展性学生评价

发展性学生评价的根本目的在于促进学生发展。发展性评价的特点主要有以下三点：一是它以课程目标为依据，将学生发展作为价值取向，利用评价这一手段和方式提高学生的自我认知，促进学生的自我提升，使学生的各方面在原有基础上得到提升。二是发展性评价的主体、内容、方法都具有多元化特点，这样可以对学生进行多元化、全面性、客观性的评价，为学生接下来的努力提供正确方向引导。三是注重评价过程，通过综合运用形成性评价和终结性评价，尊重每位学生的个性和特点，关注学生在学习中的体验与感受、情感发展的心路历程。总之，发展性评价是研学旅行课程学生评价的重要理念和价值取向。

2.终结性评价、形成性评价与过程性评价

终结性评价是指对教学目标完成情况的判断。通常情况下，终结性评价适用于一个单元、一个模块或一个学期教学结束后，主要目的在于对学生最终的学习结果进行判定。在研学旅行课程学生评价中，适当地对学生各方面所获取的成就进行终结性评价，有助于增强学生的学习成就感、获得感。但需要注意的是，终结性评价的应用不能忽视学生个体之间的差异，其主要采取质性评价，以避免终结性评价的弊端，从而真正促进学生的发展。

与传统终结性评价不同的是，形成性评价主要是立足教育教学和学习过程角度，评价学生在学习过程中的态度和行为表现，以达到改善学生学习的目的。

在研学旅行课程评价中，过程性评价的应用频率比较高，是指根据学生学习中体现出的各方面信息，包括学生的表现、成绩以及情感等，进行全方位的评价。相比于形成性评价，过程性评价所涵盖的内容更加丰富。从学习过程来看，过程性评价的应用，能够更快速地发现和指出研学旅行活动开展过程中有待改进的问题，并进一步明确改进方向，有针对性地调整课程活动计划。过程性评价能够与学习过程有机结合在一起，成为学习过程的重要组成部分。

在研学旅行课程评价中，综合应用以上三种评价，可以促使评价趋于多元化发展，提高评价结果的客观性。

3.表现性评价

表现性评价是指在学生完成某项任务或解决某个问题的过程中，对学生各方面的表现进行的综合评价，包括认知、情感、技能以及学习成果等方面，从而考查学生对知识和技能的掌握程度。从某种意义上来看，表现性评价是一种从评价内容角度提出的一种评价方法，属于发展性学生评价范畴。

表现性评价的方式多种多样，主要包括任务驱动式评价、档案袋评价、描述性评价、即时评价等。档案袋评价是表现性评价的常用形式，是一种从记录方式角度提出的评价方法。档案袋评价主要是以不断收集学生各方面数据的方式，对学生成长情况进行的评价。

（二）研学旅行课程学生表现性评价量表的设计

在研学旅行课程评价中，评价量表作为表现性评价有效实施的重要工具，不仅使用频率高，还有较强的指导性，而且操作起来十分便捷，能够应用于研学旅行课程的各个阶段，尤其是学生自评和互评、教师评价学生以及各主体评价研学旅行课程方面。

1. 表现性评价量表设计要求

表现性评价是一种以特定标准为依据的评价方式，评价者不能随意进行评价，而是要遵循一定的评价规则。评价规则不仅对"内容标准"作出了细致化的规定，还要评价者根据"内容标准"进行评价。学生基于对内容标准的学习（包括自己制定），对自己的学习过程和学习成果进行客观的审视与评价，对如何达到"好"标准进行思考，并明确努力的方向，从而调整学习策略，促进自身发展。

表现性评价通常依托量表这一工具，来全面评价学生的各方面表现。因此，表现性评价量表的设计要确保评价规则与内容标准和目标之间保持一致；语言描述要体现明确性、简洁性、连续性以及层次性等特点；与评价对象的年龄特征相符。

2. 研学旅行课程评价量表设计

从本质上来看，综合实践活动课程评价量表与研学旅行课程评价量表的设计并不存在显著区别，主要差异体现在评价内容上，研学旅行课程的评价内容增加了旅行活动中自理自立、遵守规则的内容。下面对研学旅行课程内容领域常用评价量表准则与指标进行分析。

（1）考察探究活动评价表。

在研学旅行课程实施中，考察探究活动内容丰富，涉及领域较为广泛，但学生的学习方式主要以"基于问题的学习"为主要线索，即学生通过发现问题、解决问题的方式，最终实现能力的提升。虽然科学探究、人文探究有所不同，但两者的研究方式存在共通之处。考察探究活动所蕴含的要素十分多样且较为复杂，如提出问题、形成主题、制订研究方案、实施研究方案、交流与反思等。在考察探究活动中学生表现性评价准则与指标分析如表3-4所示。

表 3-4 考察探究活动中学生表现性评价准则与指标分析

评价准则	指标分析
提出问题	参与提问的态度
	提问的角度
	问题表达情况
	所提问题的价值
形成主题	主题的界定
	主题的表达
	主题的合理性
制订研究方案	参与的态度
	研究方法的选择
	研究方案的合理性
	方案的可行性
实施研究方案	沟通合作能力
	应变能力
	实践态度
	责任担当
	面对困难的表现

续表

评价准则	指标分析
交流与反思	参与的态度
	研究报告的水平
	成果的汇报
	反思的水平

（2）设计制作活动准则与指标分析。

研学旅行课程中通常会涉及各种设计制作活动，尤其是在课程实施的中段和后段。设计制作活动主要是学生利用各种各样的工具、工艺进行设计，将自己的创意、方案变为现实的实际行动，转化为物品或作品的过程。设计制作活动由两方面内容组成：一方面，学生需要跟着工匠学习技艺；另一方面，学生要以研学旅行课程研究内容为依据，不断创新。这一活动的落实，不仅有助于培养学生的创新精神和动手实践能力，还能让学生更深层次地研究研学旅行课程内容。设计制作活动主要包括以下几大要素：创意设计、材料和工具的选择、动手制作、交流展示物品或作品、反思与改进等。在设计制作活动中学生表现性评价准则与指标分析如表3-5所示。

表3-5　设计制作活动中学生表现性评价准则与指标分析

评价准则	指标分析
创意设计	体现设计的创新性
	体现设计的实用性
	体现设计的寓意

评价准则	指标分析
材料和工具的选择	选择合适的工具
	合理利用现有制作材料
	安排制作的流程
动手制作	对劳动技法的熟练程度
	对简单信息技术的使用
	制作过程中的情感态度
交流展示物品或作品	语言表达能力
	设计理念
	学生将想法转化为创意产品情况
反思与改进	对作品的改进水平
	对作品的改进意识
	所改进作品的合理性

3. 研学旅行课程表现性评价量表举例

在研学旅行课程中，学生评价量表的形式并不是唯一的，而是多种多样的。从内容角度来看，不仅有针对某个阶段的评价量表，还有针对整个过程和结果的评价量表等，这类评价量表具有综合性特点。根据某一类内容的不同，人们可以将评价量表进一步划分为旅行生活评价量表、研究性学习评价量表、展示交流评价量表等。根据评价主体的不同，人们可以将评价量表划分为学生自评量表、小组评价量表以及辅导员评价量表等。任何一种评价量表，只要确保评价的有效性、全面性、多主体性，都能应用于课程实施中。下面介绍几种常见的针对研究性学习过程的评价量表。研究性学习过程多主体评价量表如表 3-6 所示，研究性学习能力评价量表如表 3-7 所示，学生自我评价量表如表 3-8 所示。

表 3-6　研究性学习过程多主体评价量表

项目	评价要点	自评	互评	师评
参与态度	认真参与活动，从始至终保持浓厚兴趣			
	竭尽全力完成自己承担的任务			
	做好资料收集和整理工作			
	主动提出自己的设想			
	乐于合作，主动与同学交流，尊重他人			
活动体验	主动提问，乐于研究，积极动手			
	有责任感			
	善于反思			
	实事求是，尊重他人想法和成果			
	面对困难不退缩，寻找应对方法			
掌握的方法	可以多途径获取信息			
	在研究中至少采用三种方法			
	可以运用已有知识解决问题			

续表

项目	评价要点	自评	互评	师评
实践能力	有探索的欲望和兴趣			
	积极思考，主动发现、提出问题，寻找解决方法			
	积极实践，施展才能			

表 3-7　研究性学习能力评价量表

维度	基础性指标（良好）	发展性指标（优秀）
收集整理信息能力	认真收集资料，但资料获取手段、途径单一	认真收集资料，可以采取网络搜索、借阅图书等方法
自主获取知识能力	针对自身疑问，缺乏解决方法和途径	针对自身疑问，可以采取恰当方法和途径进行解决
辩证分析能力	对中华优秀传统文化有一定认识，但缺少辩证性	对中华优秀传统文化有正确、全面、客观的认识
自我表达能力	可以表达自身感受和观点，语言比较精练	可以运用图片、文字、表格等多样化的方式，准确表达自身感受和观点

表 3-8　学生自我评价量表

一级指标	二级指标	评价内容	评价分值
自我管理	文明素养	公共场所使用文明用语，不大声喧哗，维护公共秩序	优秀□ 良好□ 继续努力□
		认真听讲解员讲解，仔细观察，不随意评论	
		自觉按顺序边走边参观，不推不挤，不妨碍他人	
		爱护公共财物，保护古迹，争做文明使者	
	遵规守序	遵纪守法，有较强安全意识，遇事沉着冷静，尊重他人隐私	优秀□ 良好□ 继续努力□
		遵守行程要求，离队做好汇报，配合带队教师管理	
		时间管理能力强，遵守时间节点，不影响活动流程	
	生活能力	保证饮食健康，不乱吃零食	优秀□ 良好□ 继续努力□
		有规律地生活，看管好自己的物品，合理消费	

续表

一级指标	二级指标	评价内容	评价分值
实践活动	实践能力	根据活动主题，自主选择恰当活动方式进行活动	优秀□ 良好□ 继续努力□
		采取多样化方法收集、处理信息	
		在自主探究学习中，运用已有知识解决问题	
	参与意识	积极参与活动，大胆尝试，乐于表达自己的见解	优秀□ 良好□ 继续努力□
		及时完成活动，积极与他人交流分享	
协作精神	合作意识	小组内部团结互助，合理分工，各尽其责	优秀□ 良好□ 继续努力□
		认真倾听同学观点和意见，为小组进步积极做贡献	
	合作态度	关心和尊重同学，互补优势	
		主动承担组内工作，有较强的责任意识	

第六节　研学旅行导师的培养

一、研学旅行导师的概念

目前，组织实施研学旅行的教师的称呼呈现多样化特征，比较常见的有研学导师、研学旅行导师、研学辅导师等。例如，在《研学旅行指导师实务》一书中，邓德智、伍欣使用了研学旅行指导师的称呼；[①] 在《研学旅行实用教程》一书中，薛兵旺、杨崇君、官振强使用了研学旅行导师的称呼；[②] 在《研学旅行工作导案》一书中，彭其斌使用了研学导师的称呼。[③] 虽然对实施研学旅行的教师的称呼还没有统一，但其内涵和外延从本质上是相同的。本书中，笔者采用研学旅行导师这一概念来指代研学旅行的教师。

导师主要是指就职于高校或研究机关中，为学习者的学习、论文撰写等提供指导的教师或科学研究人员，这类群体通常具有较高的知识水平。导师制度是我国教育制度中的三大教育模式之一，其余两种教育模式是学分制、班建制。导师制度最早出现于 19 世纪初的英国。导师一方面要对学生学习提供指导，另一方面要对学生的生活提供帮助，与学生有着十分密切的关系。现阶段，我国高校的导师制度广泛应用于研究生教育，但并不局限于研究生教育，在其他教育阶段和领域也有所发展。导师制中的师生关系是"导 + 学"，这意味着教师要因材施教，要对学

---

① 邓德智，伍欣. 研学旅行指导师实务 [M]. 北京：旅游教育出版社，2020.

② 薛兵旺，杨崇君，官振强. 研学旅行实用教程 [M]. 武汉：华中科技大学出版社，2020.

③ 彭其斌. 研学旅行工作导案 [M]. 济南：山东教育出版社，2019.

生多方面的发展进行及时引导，包括思想教育、学习能力、思维能力、科研实践能力以及心理健康等。

研学旅行导师是一种新型旅游人才，这一角色的出现得益于研学旅行的兴起，研学旅行导师不仅要灵活地完成景点解说任务，面向研学旅行受众完成教育教学任务，组织好一般课外教学活动，还要具备较高的思想政治素养。对于普通导游而言，要想实现向研学旅行导师的顺利转型，必须参加专业、系统的教育教学培训。

二、研学旅行导师的分类

当前阶段，我国研学旅行导师这一职业还没有发展成熟，尚处于不断规范的阶段。由于研学旅行导师这一职业涉及面较广，服务人群多样，且具有较强的专业性，因而可以从以下几个不同角度进行分类。

（一）根据委派主体划分

根据委派主体的不同，可以将研学旅行导师划分为以下四种不同类型。

1. 学校研学旅行导师

学校研学旅行导师可以简称为学校导师，主要指具备教师资格，根据相关规定获取研学旅行导师证书，接受学校委派，作为学校一方的代表实施研学旅行课程方案，提供专业服务以确保研学旅行活动的有序开展的人员。通常来说，学校研学旅行导师的主要人员是在校的教师，是学校实施综合实践课程的主要成员。

2. 旅行社研学旅行导师

旅行社研学旅行导师可以简称为旅行社导师，是指具备导游资格，根据相关规定获取研学旅行导师证书，接受旅行社的委派，作为旅行社的代表实施研学旅行课程方案，提供专业服务以确保研学活动顺利进行的人员。按照不同旅行社所承担的任务，可以将旅行社研学旅行导师划分为两大类：一是组团社研学旅行导师；二是地接社研学旅行导师。前者指的是接受组团社委派而参与研学旅行课程实施工作的研学旅行导师。后者指的是接受地接社委派而参与研学旅行课程实施工作的研学旅行导师。近些年来，旅行社团队服务越来越专业化，为了进一步节省成本，导游与研学旅行导师合二为一的趋势日益明显。

3. 基（营）地研学旅行导师

基（营）地研学旅行导师可以简称为基（营）地导师，是指根据相关规定获取研学旅行导师证书，接受研学实践教育基（营）地的委派的导师。其作为基（营）地的代表，参与研学旅行课程方案的实施工作，提供专业服务，为研学旅行活动的开展保驾护航。

4. 其他类研学旅行导师

其他类研学旅行导师是指根据相关规定获取研学旅行导师证书，接受研学资源单位、研学服务机构等第三方研学服务机构如旅游景区、博物馆、少年宫、图书馆、科技馆、研究所委派的导师。其参与研学旅行课程方案的实施工作，提供专业服务以保障研学旅行活动的顺利进行的人员。

（二）根据就业方式划分

根据就业方式的不同，可以将研学旅行导师划分为两大类型，即专职研学旅行导师和兼职研学旅行导师。

1. 专职研学旅行导师

专职研学旅行导师是指根据相关规定，获取研学旅行导师证书，正式就职于旅行社、基地、研学服务机构、研学资源单位，并与所工作单位签订劳动合同，参与研学旅行教育工作的从业人员。专职研学旅行导师通常学历较高，接受过高等教育，参加过专业化训练，大多数已经获取专业证书，如导游资格证书、教师资格证书。

2. 兼职研学旅行导师

兼职研学旅行导师是指以研学旅行导师工作为副业，以其他工作为主要职业，利用自己的业余时间，临时就职于学校、研学服务机构、研学资源单位等，并接受这些单位的委派，参与研学旅行教育工作从业人员。目前，兼职研学旅行导师可细分为以下两种类型。

一是临时就职于学校、旅行社、基（营）地、研学服务机构、研学资源单位等单位，按照相关规定获取研学旅行导师证书，以兼职人员的身份参与研学旅行教育工作。二是临时就职于学校或旅行社、基（营）地、研学服务机构、研学资源单位等单位，尚未获得研学旅行导师证书，但自身掌握特定的知识和技能，以兼职人员的身份参与研学旅行教育工作的从业人员。这类人员涉及面比较广，比较常见的有科研机构的专家学者、文化遗产地的非遗传承人、民间民俗艺人等，这类人员是研学旅行师资队伍中不可或缺的一部分，通常具备一定的能力，能讲授研学旅行课程，能为研学旅行课程的高质量实施提供有力保障。

（三）根据技能等级划分

近些年来，研学旅行教育活动在全国范围内广泛开展且持续深化，为了促进研学旅行导师职业朝着规范化方向发展，从专业技能水平角度出发，可以将研学旅行导师划分为四个级别，分别是四级（初级）、三级（中级）、二级（高级）、一级（特级）。

三、研学旅行导师应具备的专业知识

（一）研学旅行餐饮知识

在研学旅行活动中，研学旅行机构应在保证食品卫生安全的基础上，选择餐饮服务提供方。因此，研学旅行导师需要掌握一定的旅行餐饮知识，保证中小学生的饮食健康。

1. 食品营养与卫生常识

研学旅行导师需要掌握的食品营养与卫生常识主要包括三部分，分别是营养学基础、食品营养学以及食品卫生学。研学旅行导师需要对食品中蕴含的基本营养成分、特殊活性成分以及有毒有害成分有充分的了解与掌握。食品营养与卫生常识可以进一步细分为营养素与能量、食品的消化与吸收、膳食营养与健康、特定人群的营养、公共营养、各类食品的营养保健特性、食品的营养强化、功能（保健）食品、食品污染及其预防、食物中毒及其预防、食品安全与卫生管理等。除此之外，研学旅行导师要为餐厅的膳食搭配提供合理性建议，如四季豆必须炒熟等，全力做好餐饮卫生安全的监控工作。

2. 中国饮食文化知识

食育是一种依托食物实施的教育，主要目的在于让学生明确"吃什么、为什么吃、怎么吃"这三大问题。在研学旅行过程中，引导学生学习我国的八大菜系、地方饮食文化开展食育研学活动至关重要。中国饮食文化知识涉及内容较为广泛，主要包括中国饮食文化史略、中国饮食原料文化、中国菜点烹制文化、中国地域饮食文化、中国饮食文化、中国饮食民俗文化、中国筵宴文化、中国饮食器具文化、中国茶文化、中国酒文化等。对于研学旅行导师而言，其要根据研学目的地和餐厅的实际情况，积极开发与设计与餐饮文化有关的课程。

（二）研学旅行住宿知识

研学旅行导师可以提前前往住宿营地进行全方位的实地考察。研学旅行导师应在学生前往研学目的地之前将住宿营地信息告知学生和家长，为其留出充足的准备时间；应将入住注意事项详细告知学生，普及住宿安全知识，向学生普及"逃生术"；安排男、女学生分区（片）住宿，女生片区管理员应安排女性；结合实际情况制定住宿安全管理制度，定时进行巡查、夜查，保证学生安全。

除此之外，研学旅行导师还应掌握一定的逃生自救知识、户外露营知识。若研学旅行活动需要在室外进行露营，研学旅行导师应当具备露营地选择、帐篷搭建等能力。

（三）研学游览观光知识

为了拓宽研学对象的视野，研学旅行导师需要根据研学对象的年龄特征，提前进行备课，做好充分的教学准备。

1. 旅游审美知识

在研学旅行过程中，研学旅行导师与学生之间存在着密不可分的关系。研学旅行导师不仅要向学生传递旅游审美信息，引导学生具备旅游审美行为，还要以身作则，充当好学生的直接审美对象，发挥榜样作用。

2. 中国文化发展知识

中国文化生生不息、博大精深，是我国旅游业的灵魂。研学旅行导师要想有效传承和弘扬中华优秀传统文化，必须学习和掌握中国文化的发展历史。中国文化发展知识涉及面比较广，从中华文化起源的太古时代，到殷商西周时期、春秋战国时期、秦汉时期、魏晋南北朝时期、隋唐时期、宋代、元代、明代、清代，一直到近代，其包含古文、诗、词、曲、赋、国画、书法、民族服饰、生活习俗等。面对源远流长的中国文化发展史，研学旅行导师应该提前了解与学习，深入挖掘研学目的地的发展历史，为课程实施做好准备。

3. 中国文物相关知识

文物是人类在社会活动中遗留下来的具有历史、艺术、科学价值的遗物和遗迹。文物大致可以分为两大类，一类是可移动的馆藏文物，另一类是不可移动的古文化遗址和近现代重要史迹等。研学旅行导师需要预先考察研学目的地，了解所涉及文物的多重价值，如历史价值、艺术价值和科学价值，以及了解所涉及文物的多重作用，如史料作用、借鉴作用、教育作用和观赏作用。

4. 旅游景观知识

旅游景观知识主要包括自然旅游景观知识和人文旅游景观知识。研学旅行导师掌握丰富的旅游景观知识可以帮助学生更充分地了解当地的地理和历史文化知识，引导学生将所了解的知识与现实生活之间建立联系，从而做到学以致用。

（四）研学文娱体验知识

在研学旅行活动中，研学文娱体验项目是必不可少的项目。文娱体验活动类型丰富，形式多种多样，不仅包括体育拓展训练，还包括趣味十足的爱国主义教育、野外露营等活动。

研学旅行导师需要根据研学旅行活动中的文娱体验，着重了解活动中涉及的知识、趣味元素以及存在哪些安全隐患。不管什么形式的研学文娱体验项目，研学旅行导师必须确保学生的安全。通常情况下，在学生正式开始体验之前，研学旅行导师要组织说明会，重点强调项目的知识性、趣味性、安全性等，同时，研学旅行导师要加强巡视、耐心解答学生疑问，为研学文旅体验项目的有序推进提供保障。

（五）风物特产的知识

在5000多年的发展轨迹中，中华民族的先人勤勤恳恳，创造了大量举世闻名的风物特产。我国的风物特产种类众多，分布广泛，下面简要介绍几种比较常见且十分重要的风物特产，研学旅行导师应该对此有所了解。

1. 工艺美术品

工艺美术品大部分是具有地方特色的传统工艺品，主要包括两大类，一是日用工艺品，属于经过装饰的生活实用品，二是陈设工艺品，是一种具有欣赏价值的摆设。我国工艺美术品有着十分悠久的历史，主要品种有陶瓷、漆器、雕刻、编织、制花与剪纸等，有代表性的工艺美术品包括宜兴紫砂壶、景德镇瓷器、福州脱胎漆器、苏州双面绣等。

2. 特色面料

这类风物特产主要包括两大类，一是丝绸，二是布料。有代表性的特色面料主要有杭州都锦生织锦、盛泽真丝双绉、南京云锦、成都蜀锦、贵州蜡染、南通蓝印花布等。

3. 文化艺术品

文化艺术品主要由文房四宝与乐器组成。常见的文化艺术品包括湖笔、徽墨、宣纸、端砚和玉屏箫笛等。

4. 风味特产

风味特产是具有特殊烹饪风味和地区文化特色的食品。风味特产不仅质量优异还具有鲜明特色。风味特产的品种主要包括名茶、名酒、当地特色小吃等。

需要注意的是，研学旅行导师在研学旅行活动中不会引导学生购物。因此，研学旅行导师的主要任务不是激发学生的购物热情，而是为学生介绍当地的风物特产，及其与本地的历史、经济与文化之间存在的关系，培养学生对文化的兴趣。

（六）通识教育

通识教育的主要目的在于在现代多元化的社会中，为受教育者提供通行于不同人群之间的知识和价值观。通识教育知识体系涉及面广、领域多元，主要包括科学类、哲学类、经济学类、法学类、历史类、艺术类、文学类等。通识教育可以扩充学生的知识储备，不断完善学生的知识结构，培养学生思维的独立性和批判性。

研学旅行导师要学习和掌握通识性知识，有意识地将通识教育贯穿研学旅行活动的全过程，拓展学生的知识面，帮助学生构建完善的知识体系，并引导学生积极思考所学习的新知识。这不仅有助于培养学生的独立性人格，还有助于提升学生的独立思考能力。

四、研学旅行导师应具备的能力

（一）讲解能力

研学旅行导师具备良好的讲解能力，可以帮助学生更轻松地了解研学对象。在研学旅行课程实践中，研学旅行导师可以采用多样化的方法帮助学生理解研学对象，如直译法、叙述法、突出重点法、触景生情法、制造悬念法、画龙点睛法、类比法。[①] 语言是研学旅行导师讲解的工具，研学旅行导师的讲解语言要清楚流畅、精练朴实、通俗易懂、幽默风趣。

（二）知识链接能力

研学旅行导师不仅要全面了解与掌握研学目的地的历史文化、风土人情，还要精准把握研学对象和研学基地。在研学旅行中，当学生提出困惑或问题时，研学旅行导师要为学生答疑解惑，并适当地拓展相关知识，突出其良好的知识链接能力。

（三）管理能力

在研学旅行活动中，研学旅行导师扮演着管理者的角色，需要制订完善的学生管理计划，组织学生在研学旅行目的地的居停活动；在面对突发事件，特别是安全事件时，需要冷静地指挥学生有效撤离；合理控制研学旅行的节奏。因此，研学旅行导师需要具备较强的管理能力，树立管理者的权威，坚持身体力行，以一丝不苟的态度、良好的道德修养、高尚的审美情趣，全身心投入研学旅行整个过程的管理中。

（四）沟通能力

在研学旅行过程中，研学旅行导师需要与多方主体进行全方位的沟通，包括校方带队教师、学生、旅行社、车队、研学基地等，这就需要其具备良好的沟通能力。在落实研学旅行活动流程的过程中，研学旅行

---

① 曲小毅，孟妍红. 试论研学导师在课程开发和实施中应具备的素养、能力及方法 [J]. 黑龙江教师发展学院学报，2020，39（4）：26-28.

导师需要与不同的群体打交道，应对各种各样的突发状况，化解各种矛盾冲突，说明、解释各种情况，为研学旅行活动的高效率、高质量开展提供保障。

（五）观察能力

在研学旅行活动中，研学旅行导师要具备敏锐的观察能力，才能细致地观察学生的行为，准确识别学生的个性特征，从而为其提供有效的帮助和指导。特别是在安全问题的防控上，研学旅行导师要具备敏锐的观察能力，才能科学预判各种风险，第一时间制止学生的不当行为，消除隐患。

（六）教育教学能力

教育教学能力是研学旅行导师的核心能力，也是显著区别于传统导游人员的关键能力。根据教育教学规律和程序，可以将教育教学能力进一步细分为以下四种不同能力：①课程设计能力，即可以针对不同学段学生的年龄特征，设计与开发研学产品的线路，形成研学课程，并完成教学大纲的撰写；②课程实施能力，即掌握心理学知识，可以准确、清晰地介绍研学旅行课程，包括学习目的、学习内容、学习方法以及学习要求，并有序组织和引导学生参加研学教育主题活动；③课程监控能力，即可以第一时间关注学生的反应和反馈，有效解决课程实施过程中存在的细节问题；④课程评价能力，即根据教育学的基本理论和规律，科学评价学生在整个研学旅行中的表现，及时获取学生、教师、家长的反馈信息。

五、研学旅行实施前研学旅行导师的工作要点

（一）研读课程目标

研学旅行导师取得课程方案之后，首要任务就是研读课程目标。与学科课程主要以知识和技能的掌握为目标有所不同，研学旅行课程方案

中的目标主要从学生核心素养、核心能力这两方面的提升着手。例如，提高学生的采集、加工、处理信息的能力；增强学生的统筹规划意识和能力；提高学生的团队合作能力；培养学生互帮互助、互相尊重的优良品德等。因此，为了能给学生提供有效的引导，研学旅行导师必须明确课程目标。

（二）熟记活动行程

为了保证研学旅行活动的高效开展，研学旅行导师在带队前必须熟悉研学旅行活动流程，做到熟记于心。具体来说，研学旅行导师需要了解研学旅行活动时间，知晓研学目的地，明确每个节点的活动时长，掌握每个研学基地的名称，设计学生体验和探究的内容，明晰学生需要完成的任务，了解研学旅行活动的方式以及做好各种安全预案等。

（三）深入理解过程及结果评价量表

研学旅行导师是研学旅行评价中的重要主体之一，需要客观公正地评价学生的活动过程和研究结果，为研学旅行评价提供重要的数据支撑。对于学生活动过程的评价，研学旅行导师需要重点关注学生在探究过程中知识、技能的应用情况、探究态度以及参与合作的程度等；对于学生研究结果的评价，研学旅行导师需要重点关注学生成果的展示情况、学生的表达能力等。在带队之前，研学旅行导师要精心准备好评价量表，并认真研读各项量规，从而确保评价的客观性、有效性。

六、研学旅行导师专业素养的培养路径

（一）研制研学旅行导师专业标准

如果研学旅行导师由非专业教师、高校学生以及研学旅行机构普通工作人员担任，势必会对研学旅行产生不利影响。由此可见，制定有关研学导师专业标准和任教资格的规定十分必要。因此，我国应制定详细具体的研学旅行导师专业标准，明确规定研学旅行导师的专业理念、专

业知识以及专业能力；建立健全配套制度，明确规定研学旅行导师的培训方式、入职条件以及资格认证流程等。澳大利亚在研学旅行导师专业标准建设方面表现出一定的先进性，对我国具有重要的指导意义。澳大利亚已经在部分学校专门开设了从事户外教育活动的教师岗位，颁布了《户外教育教师专业标准》，明确规定了户外教育教师的专业标准和任教资格。

（二）开展研学旅行导师培训

如果研学旅行导师在参加研学旅行课程实施行前阶段没有接受规范化的培训，可能无法清晰地认识研学旅行的价值与性质，不仅无法从整体上保证研学旅行导师具备较高的专业素养，还会对研学旅行项目开发和实施造成不良影响。目前，研学旅行在中小学领域广泛开展，因此，我国需要创建研学旅行导师培训制度，以显著提升研学旅行导师的基本素养。

具体来说，对研学旅行导师的培训可以从以下三方面入手：①传授理论知识：通过培训活动，为其传授研学旅行的基本理论、价值意义、主要内容、基本方式等；②培养基本技能：主要包括研学旅行的方案设计、组织管理、评价反馈以及应急处置等；③组织研学实习：参与培训的相关人员部分或全程实习研学旅行项目的组织与实施，逐步提升其研学指导实践能力。

（三）构建研学旅行导师评价机制

评价具有诊断和改进的功能。建立健全研学旅行导师评价机制，及时反馈研学旅行导师工作中的问题，对于研学旅行导师的成长起着重要的促进作用。研学旅行导师的专业素养不应是一成不变的，而应是动态发展的，应该体现在研学旅行的每个环节、每个阶段。因此，在研学旅行课程实践中对研学旅行导师进行评价是至关重要的。

需要注意的是，研学旅行导师评价的主体要体现多元化特点，不仅要包括研学旅行课程的直接参与者，如带队教师、学生，还要包括研学旅行活动的相关人员，如研学基地负责人、家长。评价者要认真收集、整理、归档研学旅行导师的评价结果，为研学旅行导师的考核和培训提供重要依据。

（四）优化研学旅行导师成长环境

研学旅行导师基本素养和能力的提升离不开良好环境的支撑。研学旅行导师的培养与多方主体息息相关，其既是相关管理部门、高等院校、中小学校的重要职责，也与研学旅行机构等相关主体之间存在着十分密切的关系。因此，各方主体要通力合作，努力创造对研学旅行导师成长与发展有积极影响的良好环境。对于相关管理部门来说，可以针对研学旅行导师出台详细的专业标准，对研学旅行导师的学历、专业素养、实习经历、资格认证方式等作出明确规定；对于高校来说，可以增设与研学旅行导师相关的专业或课程，培养具有专业知识和能力的研学旅行导师，开展研学旅行导师职前、职后培训；对于中小学校来说，可以设置专兼职研学旅行导师岗位，支持与鼓励在校教师积极参加研学旅行导师专业培训；对于研学旅行机构来说，可以考虑创建专职研学旅行导师队伍，为高校相关专业学生提供实习岗位，为研学旅行导师的培养提供充足的资源支持。

第七节　研学旅行基地的建设

一、研学旅行基地的概念

对于研学旅行基地的概念，不同部门、不同机构、不同学者做出的定义有所不同，但基本上都包含以下含义。

第一，研学旅行基地属于场所的一种，主要面向中小学生开展研学旅行实践教育。

第二，研学旅行基地具有丰富的研学旅行课程资源，以一定的教育目标为依据开发主题研学旅行课程。

第三，研学旅行基地具有完善的教育教学设施，具有突出的教育功能。

第四，研学旅行基地具备充足的接待服务设施，还具有一次性集中接待一定规模学生的餐饮、住宿设施。

基于此，笔者认为，研学旅行基地指的是具备丰富的研学旅行课程资源、充足的接待服务设施以及完善的教育教学设施，为中小学生提供研学旅行实践教育服务的场所。

二、研学旅行基地的属性

研学旅行基地主要具备以下六大属性。

（一）教育性

研学旅行课程应该根据学生的身心特点、接受能力以及实际需要，突出知识性、系统性、科学性和趣味性，为学生全面发展创造有利成长空间。因此，教育性是研学旅行基地的本质属性。无论是研学旅行基地硬件还是软件的建设，都要立足教育性，突出教育功能，为教育目标的实现奠定基础。

（二）实践性

研学旅行基地的实践性主要体现在研学旅行课程和设施的建设，要充分满足学生动手实践、亲身体验的需要，特别是研学旅行课程的设计与实施要充分体现学生的主体地位，将主题实践教育作为主要形式，注重培养学生的创新精神和实践能力，将理论性的课程教学转变成实践性的体验教学。

（三）安全性

研学旅行基地的安全性主要取决于研学旅行基地服务对象的特殊性。研学旅行基地的选址要坚持安全第一的原则，如不要靠近地质灾害危险区和其他危险区域等，同时，相关部门要建立健全安全保障机制，全力保障学生的安全。

（四）公益性

研学旅行基地不以营利为目的，具有公益性属性。首先，研学旅行的公益性体现在资源的开放性和共享性上，通常情况下，研学旅行基地会面向学校和学生团体免费或低价开发，适当降低经济门槛，为更多的学生提供研学场所，使其享受到优质的教育资源。其次，研学旅行基地是培养学生社会责任的重要场所，基地内的课程主要包括历史文化、科技创新以及环保等主题，通过开展系列主题研学旅行活动，有助于提升学生的社会责任感和公民意识，将学生培养成有担当的社会公民。最后，研学旅行基地通过与当地社区和企业进行合作，为社会公益事业的发展添砖加瓦，产生良好的社会效益。例如，通过组织学生参观生态保护区，可以让学生意识到保护环境的重要性，进而提高学生的环保意识。

（五）地域性

研学旅行基地具有地域性，充分体现了地域特色，其课程资源通常在其所在区域具有较强的代表性。例如，黄山市研学旅游示范点——千年古村呈坎，是国家级研学实践教育基地。其依托该地域人文资源，即呈坎八卦村景区的徽派建筑文化，深入开发研学课程，以独具特色的徽文化主题课程，吸引了一批批来自全国各地的中小学生，充分彰显了地域文化的独特魅力与时代价值。

（六）开放性

研学旅行基地的开放性主要表现在两方面，一方面是教学环境的开放性。无论是研学旅行基地的活动课程，还是基础配套设施，都要不同于校园课堂学习环境，给学生带来反差感，引导学生融入自然和社会环境中，在增长学生知识的同时，拓宽学生视野。另一方面是服务对象的广泛性。任何一种类型的研学旅行基地都面向全体学生开放，无论中小学生来自哪个地区，只要处于适龄段，研学旅行基地都秉承欢迎、接纳的态度，不受地域等因素的影响。

三、研学旅行基地的功能

研学旅行教育作为一种教育的新形式，是学校教育的重要补充。卢梭的自然教育理念与研学旅行的教育初衷有异曲同工之妙——都注重自然的教育、人的教育以及事物的教育的有机统一。依托研学旅行基地的研学旅行实践活动，从本质上来看是一种接受体验式、情景式教育，也属于休闲教育的一种。因此，研学旅行基地应该具备多重功能，满足学生学习、体验以及审美的多重需要。

（一）教育功能

研学旅行基地可以结合学生需求和时代发展需要，开发设计主题多样的研学课程、研学路线，为研学旅行各种主题实践活动的开展提供场馆，如供学生学习与研究的活动教室，满足学生分享交流需求的会议厅，集多重功能于一体的多功能厅等。同时，条件良好的基地配备了宽敞的运动场、拓展营等设施，有助于激发学生学习的欲望，为研学旅行教育效益的提升奠定基础。

（二）生活功能

研学旅行基地具有重要的生活功能，能为学生提供全方位的接待服务。研学旅行基地通过对社会环境的模拟，让学生参与各种各样的学习活动，如整理宿舍以及自我时间管理等。通过不断的积累生活经验，学生的自理能力和责任感能够得到增强，对学生的全方面成长具有积极的促进作用。

（三）休闲功能

部分研学旅行基地依托秀色可餐的风景而建，不仅可以给学生带来视觉上的冲击，还能愉悦学生的身心，满足了学生研学成长中的审美需要，让学生远离城市的喧嚣，在研学中接受休闲教育，尽情享受美好静谧的时光，从而充分发挥研学旅行基地的休闲功能。

四、研学旅行基地的类型

按照不同的划分标准，研学旅行基地可以分为以下几种不同类型。

（一）根据主题特色划分

根据主题特色的不同，可以将研学旅行基地划分为四大类，分别为科技研学旅行基地、农业研学旅行基地、文化研学旅行基地以及户外拓展基地。

1. 科技研学旅行基地

根据特点的不同，可以将科技研学旅行基地进一步划分为三大类，分别是科技展馆类、科研类以及园区类。

（1）科技展馆类。

这类研学旅行基地承担着知识科普功能，主要依托博物馆、科技馆等场所而建，通常占地面积较小，投资金额也相对适中。这类研学旅行基地有着丰富的资源，具有较强的可复制性。

（2）科研类。

这类研学旅行基地承担着科学研究功能，主要依托高科技企业、科研单位的实验室、生产工厂而建，通常采取各种先进的高科技手段对科学技术进行多方位的展示。虽然其占地面积较小，具有丰富的资源，但需要较大的投资金额，可复制性较弱。

（3）园区类。

这类研学旅行基地承担着生态展示功能，通常以动物园、植物园为主要载体。需要较大的占地面积，投资金额相对较大，科技含量相对较低。

2. 农业研学旅行基地

农业研学旅行基地可以进一步划分为两大类，即农业研究类和农业体验类。

（1）农业研究类。

这类研学旅行基地具有科普性特点，主要内容包括参观游览、讲解农业科学知识，依托现代化农业示范基地、农业研究院以及农业示范园区等载体。农业研究类研学旅行基地可以直观地展示现代农业相关生产技术，推广和普及农业知识，推进科普教育。

（2）农业体验类。

这类研学旅行基地具有互动性、趣味性特点。其主要依托农业创意体验园、现代化农业示范基地等载体，围绕生态环境保护理念、农业科学知识、农耕历史文化、农事体验等主题元素，搭建体验性活动基地，为学生进行农业体验提供有效场所。

3. 文化研学旅行基地

文化研学旅行基地可以对中华优秀传统文化进行弘扬、传承与传播，进一步探索全新文化形态价值。其主要依托各种各样的旅游资源，以组织多样化文化教育活动为主要手段。文化研学旅行基地所涉及形态多样，主要包括博物馆、爱国主义主题教育基地、国防教育基地、青少年教育基地、廉政建设教育基地、非遗文化展览馆等。

4. 户外拓展基地

户外拓展基地的选址主要集中在远离市中心的地方，基地内往往配备了十分完善的基础设施，不仅有餐厅、宿舍等基本生活设施，还有医务室等辅助保障设施，以及竞技场、拓展场等训练设施。在户外拓展基地中，开展研学旅行课程的主要目的在于提升学生的综合实践能力。研学旅行课程以体验性、参与性的项目为主要形式，所含内容十分广泛，主要有生活素质教育、社会认知教育、体能拓展、自然教育、安全教育等。我国比较有代表性的户外拓展研学旅行基地有广东梅州创艺园欢乐小镇、湖南长沙贝拉小镇、山东临沂尹家峪青少年综合实践教育研学基地等。

（二）按产权归属划分

按照是否具备专属基地，可以将研学旅行基地划分为两大类，分别是自建研学旅行基地和租赁研学旅行基地。

1.自建研学旅行基地

自建研学旅行基地具备独立产权的建筑用地，开发主体通常由一个或多个经营商组成，他们自主参与基地建设，挖掘和打造与众不同的基地文化，设计特色化的基地研学产品。自建研学旅行基地作为一种重资产产业，前期建设需要投入大量的项目资金，具有较高的准入门槛。

2.租赁研学旅行基地

租赁研学旅行基地指的是研学项目经营商通过租赁的方式，从基地所有者手中获取基地的使用权和经营权，并以事先约定好的方式定期向基地所有者支付租金。租赁研学旅行基地在营运方面具有较强的灵活性，所提供的研学产品往往质量较高，具有较强的普适性。除此之外，租赁研学旅行基地能在一定程度上减少项目资金的投入，缓解经营者的财务压力。

五、研学旅行基地与研学旅行课程的关系

研学旅行课程通过旅行的方式完成特定教育目标，是一种行走的教育。研学旅行基地作为研学旅行的精挑细选之地，能够多方面保障研学旅行课程的设计与实施。研学旅行基地与研学旅行课程之间存在着以下关系。

（一）基地为课程提供资源保障

研学旅行课程的设计与实施离不开丰富多彩的资源。作为研学旅行活动的校外资源，研学旅行基地往往具备得天独厚的研学优势。深层次挖掘研学旅行基地的资源，以相关政策要求为指导，以研学需求为依据，再结合时代发展趋势，设计与开发与研学旅行基地特色相符合的研学课程，并持续优化研学旅行课程体系，能够为研学旅行课程的设计与实施提供良好的资源保障。

（二）基地为课程提供综合服务保障

通常情况下，研学旅行基地具备专门的教室、实验室以及户外教学场所，可以充分满足各个学科的教学需求。基地通常还配备专门的安全设施，并安排有接受过系统培训的安全人员，以便及时有效地应对各种紧急情况，确保学生在研学期间的人身安全。除此之外，研学旅行基地还可以提供食宿服务，既能满足学生的基本生活需求，又能帮助学生了解当地的饮食文化。由此一来，基地为研学旅行课程的实施提供了综合服务保障，让研学旅行的开展更顺利、更有效。

（三）研学旅行课程是基地建设运营的核心

对于研学旅行基地而言，研学旅行课程不仅是其建设运营的基础，也是其核心内容和灵魂。要想确保研学旅行基地的建设达到相关标准规范，同时满足研学旅行课程设计与实施的需求，首要任务是做好研学旅行课程的开发建设。研学旅行基地在建设运营中，应与课程设计实施有机结合，充分利用和整合各种各样的研学资源，构建多元化的研学旅行课程体系，并科学配置旅行要素，与基地进行有效对接，以提高研学旅行课程实施的有效性、可行性，为基地的可持续运营提供保障。

六、研学旅行基地的建设条件

目前，"全国中小学生研学实践教育基地""全国中小学生研学实践教育营地"还没有统一、完整的建设指标体系。但部分地区、协会立足当地实际情况，结合行业特点，制定了相关标准规范并开展了相关实践。笔者根据国家、地方、行业研学旅行基地的建设与服务相关标准规范，提炼优秀运营经验，总结出建设研学旅行基地需要具备的几个主要条件。

（一）合法合规的基础条件

建设研学旅行基地，必须具备一定的基础条件，即研学旅行基地的资质条件和场所条件。

第一，研学旅行基地应具备法人资质，须取得由相关管理部门颁发的各类许可经营证照，包括工商、卫生、消防、旅游、公安等部门，可以在法律允许的范围内接待研学旅行团队。

第二，研学旅行基地产权关系清晰，应是独立产权营业场所，或者具备租赁使用权的营业场所。

第三，研学旅行基地应具有丰富的研学资源，特色鲜明，在所处地区具有一定的代表性、示范性，具备研学旅行的各项要素和多重功能。

第四，研学旅行基地应拥有优越的地理位置，交通便捷，较强的可进入性，远离人口密集、周边娱乐场所密集的地区。

第五，研学旅行基地应有一定规模，可以满足学生研学旅行的需求。基地要具备单次接待不少于100人的学生团队的能力。

第六，研学旅行基地正常运营的时间不少于一年，没有发生过任何安全事故。

（二）专业的研学教育条件

建设研学旅行基地需具备专业的研学教育条件，高水平的研学教育能力和良好的研学旅行课程实施条件是必不可少的，这主要体现在研学旅行课程、师资力量、教育设施以及课程实施等方面。

第一，研学旅行基地可以根据自身特点，设计和开放适用于不同年龄段学生、具有明确研学目标的研学旅行课程与活动，并与学校教育内容建立有效衔接，具备系统、丰富的研学旅行课程资源。

第二，研学旅行基地可以充分利用自身和周边资源，围绕基地主题研学课程设计研学旅行路线，保证研学旅行路线的安全性、针对性以及可操作性。

第三，研学旅行基地可以根据研学旅行课程的需要，配备相应的研学场所和设施，如教学设备、教材教具、场地空间等。

第四，研学旅行基地应配备研学旅行服务机构、团队人员，其主要任务是为研学旅行课程教学和生活提供专业化的服务。

第五，研学旅行应制定科学、健全的研学旅行课程实施流程和管理制度，为研学旅行实践教育的有序开展提供保障。

（三）充足的配套设施条件和高水平的接待服务

研学旅行课程的有效实施，需要完善的配套设施和高水平的接待服务作为支撑，这两个因素也是研学旅行基地可持续运营的重要条件。研学旅行基地应该提供完善的基础设施，具体包括餐饮、住宿、交通、游览、医疗、安保、应急、水电、通信等。研学旅行基地还应科学布局，可以正常、高效运行，具备良好的环境卫生条件，具有良好的研学旅行接待服务能力，为学生研学活动的顺利进行提供保障。具体来说，主要体现在以下五个方面。

第一，研学旅行基地内的水、电、通信、无线网络等基础设施设备应配套齐全。

第二，研学旅行基地具有完善的研学旅行接待设施和服务设施，包括餐饮、住宿、停车场、游客中心、综合服务中心等。

第三，当研学场地处于室外时，研学旅行基地应选用合理的安全设施，确保通行顺畅，便于学生游览与集散。

第四，研学旅行基地应配备完善的安全设施设备，包括基础救护、监控、治安保障、消防应急等，且设置醒目的标识，具备基本的医疗保障和安全条件。

第五，研学旅行基地安排数量适中的研学旅行配套服务人员和管理人员，为研学旅行课程的有效开展提供保障。

（四）全面的安全措施和保障

研学旅行基地的建设要将安全放到首要位置，不仅要配备完善的安保设施，还要制定科学的安全管理制度，为学生安全参与研学旅行活动提供安全措施与保障。除此之外，研学旅行基地还要设立专门的安全管理部门，并设置相应的岗位，明确每个岗位人员的安全保障责任，制订安全应急预案，为研学旅行基地的安全运营提供保障。

（五）完备的运营管理条件

研学旅行基地的可持续运营需要依靠科学有效的管理机制和运营条件，这是确保研学活动高效运行的关键。科学的管理方法可以对研学旅行基地进行全方位的有效管理，不仅包括教育资源的合理配置，还包括教学活动的合理安排，这些都是保证学生安全和学习效果的重要前提。另外，科学的运营管理还涉及对基地内部流程的监控与评估，旨在为学生营造安全、稳定的学习环境，在满足学生学习需求的同时，提高教育资源的利用效率。

七、研学旅行基地的建设路径

（一）把握政策要点与导向

研学旅行相关政策，是研学旅行基地建设的基本准则，为研学旅行基地的高质量建设与可持续发展提供了方向引导。研学旅行基地的建设要紧跟政策脚步，准确把握趋势与要点，制定近、中、远期规划，使研学旅行基地的建设满足研学教育的实际需求，与可持续发展理念相契合。

研学旅行吸引了社会各界的关注，例如，文化、旅游、科技、体育、航空等相关行业也针对研学旅行基地的建设，陆陆续续出台了大量具有指导性的政策与文件。

（二）研学旅行基地基础设施建设

研学旅行基地要为研学旅行课程的开展提供完善的基础设施，总体而言，主要包括以下四个部分。

1. 教育设施

完善的教育设施可以丰富学生的研学体验，有助于增强研学效果。研学旅行基地的教育设施应该配备多样化的展示方式、教材教具以及场地空间。例如，研学旅行基地可以通过多媒体教学、实物展示等方式，满足不同学段学生的学习需求。

2. 游览设施

完善的游览设施不仅便于学生在基地中参观游览，还能提高研学旅行的安全性和效率。游览设施的建设需要设置游览步道、公共休息区、导览标识以及提示标识等。

3. 配套设施

完善的配套设施可以满足不同类型、时长的研学旅行课程的需要，能够为研学旅行活动的顺利开展提供保障，有助于增强学生的整体体验。研学旅行基地配套设施的建设应该包括与研学实践相关的人员接待、餐饮、住宿、安全、医疗、卫生等方面的设施。

4. 应急设施

完善的应急设施能够在发生突发事件或紧急情况下，保障学生和教职工的安全。研学旅行基地应急设施的建设应配备适宜的应急装备、器材以及逃生通道等。

（三）做好价值提炼与主题定位

在研学旅行基地的建设中，价值提炼与主题定位必不可少，其对于研学旅行课程的设计与实施起着重要的指导作用，能够为基地空间场所的建设提供重要依据。任何一个研学旅行基地都是具有文化价值、市场价值且可传承的文化产品，建设者应深入挖掘基地的独特优势和丰富内涵，提炼场地价值，创建发展模式，做好主题定位，为基地影响力、吸引力的提升提供思路和依据。

1. 场地价值提炼

研学旅行基地的建设需要建设者挖掘、整理与提炼基地所蕴含的丰富资源的价值，主要包括文化资源、生态资源、产业资源等。其中，文化资源主要包括历史故事、文化遗产、风土人情、科技文化等；生态资源主要包括地质条件、水文条件、气候资源、动植物资源等；产业资源主要包括农林牧渔特色产业、工矿企业、科研机构、博物馆、科技馆等。

2. 明确主题定位

研学旅行基地的高质量运营，离不开明确、鲜明的主题。研学旅行基地应该结合自身及周边资源情况，确定一项或多项与学生发展核心素养总体培养目标相契合的研学主题，为研学旅行基地的服务提供方向引导。具体来说，研学旅行基地需要从以下几方面入手明确主题定位。

（1）总体定位。综合考虑区域、城市、历史、文化、精神等因素，结合研学旅行基地的实际情况和未来发展方向，利用高度凝练的语言进行总体定位。

（2）形象定位。立足研学传播角度，对研学旅行基地进行定位，全面阐述研学旅行基地的资源、课程、环境等要素。

（3）市场定位。根据研学的主要客户群体，结合研学旅行市场的空间分布，科学准确地界定客源市场，精准开拓研学市场。

（4）目标定位。以国家标准、地方标准、行业标准等相关标准为依据，对研学旅行基地的建设方向进行定位，其可以是国家级研学旅行示范基地，也可以是全国中小学生研学实践教育基地。

八、研学旅行基地的管理

（一）人力资源管理

第一，每个研学旅行基地要配备高水平研学旅行导师队伍，坚持专职和兼职相结合的原则，保证研学旅行导师人员的稳定性。具体来说，每个研学基地应配备不少于 3 名的专职研学旅行导师。这里所指的专职研学旅行导师指的是具有省级及以上行政主管部门或专业社会组织颁发的研学旅行指导师职业证书的研学旅行导师。兼职研学旅行导师应具有一定的专业优势，以便有效地实施研学旅行课程。学生与研学旅行导师的数量比例不应该低于 30：1。

第二，每一项研学旅行活动都应该安排一名项目组长，项目组长要在项目开展过程中随团活动，主要任务是对研学旅行各项工作进行统筹协调。

第三，每个研学旅行团队都应该配置足够数量的安全员，学生与安全员的数量比例至少是 30：1。在研学旅行中，安全员全程随团活动，需要全力做好相关的安全教育和防控工作。

第四，研学旅行基地应选出一名中高级管理人员，并参与专业培训，通过考试且成绩合格之后担任基地内审员。基地内审员需要以相关工作要求为依据与准则，对所在基地的各方面达标情况进行全面检查，及时发现基地管理层暴露的问题，并监督其整改情况。

第五，研学旅行基地应该配备数量充足的食宿管理员、安保人员以及服务人员等，负责照顾学生的饮食起居。

（二）运营管理

1. 基地文化

基地文化是指基地结合自身实际情况，包括资源特色、研学主题、活动形式以及管理方式等，形成一种具有综合性特征的感知文化。例如，湖北神农架大九湖国家湿地公园结合自身的资源特色，充分挖掘周围的资源，建设了以高山盆地、湿地系统、森林植被为主题的自然生态研学之旅的基地文化。该基地入选 2020 年公布的首批神农架中小学生研学旅行基地名单。因此，任何一个研学旅行基地都有必要形成专属于自己的独特文化，从而提高自身的核心竞争力，更有效地吸引国内外研学旅行团队。

2. 管理中心

任何一个研学旅行基地都会创建管理中心，以保证管理的效果和效率。研学旅行基地的管理中心主要包括两个部门，即行政管理部门和财务管理部门。

（1）行政管理部门。在研学旅行基地经营管理工作的开展过程中，行政管理部门作为重要的中枢机构以及负责接待联络的职能部门，需要准确、及时传达公司决策，协调组织相关业务工作，有效落实督办重点工作，做好信息的收集、整理工作。

（2）财务管理部门。财务管理部门是一个组织领导和具体从事财务管理工作的职能部门。这一部门需要做好基地经营计划工作，进行财务核算和管理，合理规划财务，科学控制和运作公司资金，并做好日常物资采购工作。

3. 运营中心

运营中心是研学旅行基地的坚实后盾。运营中心通常包括三部分，即教务中心、营销中心以及后勤中心。

（1）教务中心。主要负责有计划、有目的地组织学生进行研学旅行，有效布置研学任务；全程参与学生的研学旅行，积极配合导游工作，对学生提供适时的指导，及时完成学生研学作业的批改；结合基地实际情况和学生需求，策划研学创新活动项目；撰写研学总结，及时反思和总结经验教训，为后续研学旅行活动的开展提供参考。

（2）营销中心。负责产品推广、品牌传播以及市场分析的重要部门。营销中心需要科学制定并分段落实公司品牌战略规划；维护好公司形象；科学管理基地各类商标、专利技术等，并做好长期的维护工作；规范品牌管理流程；做好舆情监测与危机公关。

（3）后勤中心。负责基地内外游览秩序维护和安全预防保障工作的业务部门。主要需要做好景区安保与秩序管理、景区消防安全管理、业务对接与关系协调等工作，还需要做好房务管理、餐饮管理、项目监管等工作。

第四章　研学旅行教育面临的挑战与应对策略及建议

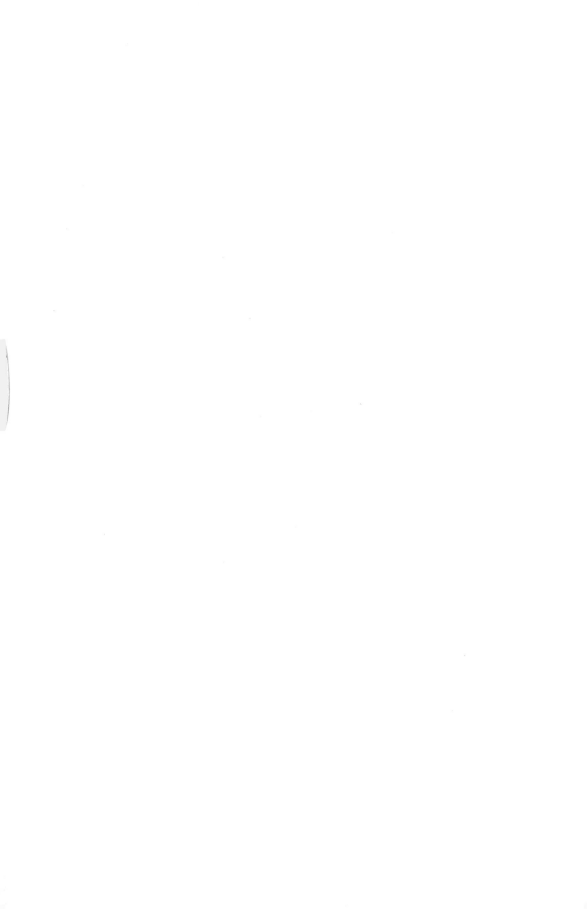

第一节　研学旅行教育面临的挑战

一、面临诸多安全问题

在研学旅行教育中，存在着各种各样的安全问题，按照风险因素产生原因的不同，可以将安全问题划分为以下几种类型。

（一）自然环境风险因素产生的安全问题

自然环境风险因素属于不可抗力风险因素，这一因素所导致的安全问题主要包括以下几大类。

1. 天气风险因素

（1）暴雨。暴雨是一种主要发生于夏季的灾害性天气现象。人们在夏季的出行途中，一旦遭遇暴雨，可能会造成难以预估的损失。暴雨不仅会淹没地面，导致人员陷入困境，还会引发一系列的次生灾害，如泥石流、洪水、滑坡，进而造成更大的损失。因此，如果研学旅行活动时遇到暴雨，相关人员必须全力做好应对工作。

（2）雷击。雷雨是一种主要发生于夏季的天气现象。与雷雨相伴而生的雷电现象也是人们夏季出行需要注意防范的自然灾害。在研学旅行课程实施的行前阶段，有必要组织全体学生进行相关安全知识的培训，帮助学生了解雷电灾害发生的天气条件与环境条件，以及学会如何在雷雨天气正确避雨防雷等。

2. 地质风险因素

（1）地震。地震是地球内部运动引发的地壳震动。地震是具有较强代表性的不可抗力风险因素。虽然地震发生频率不高，但是一旦发生就会给人类造成巨大损失。地震发生时，人们有一定的逃生机会。因此，不仅每一位研学旅行导师要掌握地震救援的知识和技能，每一位学生也要学习和掌握地震发生时紧急避险和科学自救的知识和技能。

（2）地陷。地陷是在人类工程、经济活动的影响下，由于地下松散地层固结压缩，引发地壳表面标高降低的一种局部的下降运动。地陷又称地面下沉或地面沉降，是目前世界各大城市存在的常见工程地质问题。

地陷通常有两种表现形式：一是区域性下沉，这是一个缓慢的下沉过程，通常不会威胁到短期的研学旅行活动；二是局部下沉，这种类型的地陷具有突发性，地陷发生时路面可能会突然出现一个范围较大的坑，倘若恰好有人员经过，后果将不堪设想。

（3）落石。落石是一种高处的石头受到重力作用的影响降落至地面或低洼处的现象。落石会对下方人员造成一定的威胁。

3. 天气与地质共同作用

（1）泥石流和滑坡。所谓泥石流，指的是因为降水（暴雨、冰川、积雪融化水）的原因，在沟谷或山坡上形成的一种挟带大量固体物质的特殊洪流，如石块、巨砾、泥沙。滑坡俗称"走山""地滑""土溜"等，指的是处于斜坡位置的岩体或土体因为各种各样的原因，受到重力作用的影响，沿着一定的软弱面整体下滑的现象。

泥石流和滑坡是在天气与地质因素的共同影响下所形成的自然灾害，具有极强的破坏性。在研学旅行的前期线路勘查工作中，相关人员需要综合分析研学旅行目的地与途经地的地质特点和气候特点，如果途经地区存在一定的泥石流、滑坡风险，其必须做好安全应急预案，并在行前阶段组织相关人员参加针对性的培训，使相关人员掌握这些自然灾害的风险识别特征，并学习应对风险的有效方法。

（2）沙尘暴。沙尘暴是一种常见于沙漠中或沙漠附近的灾害性天气。对于暴露在沙尘中的行人，强沙尘暴会对其造成严重的安全威胁。

4. 动植物因素

动植物因素导致的安全问题主要包括以下两方面。

（1）植物伤害。常见的植物伤害包括割伤、划伤、刺伤、中毒、过敏等。

（2）动物伤害。常见的动物伤害有狗咬，蜂蜇，毒虫叮咬（如蚊子、蜱虫、牛蝇、蚂蚁），蛇咬，野兽袭击（如野猪、熊、狼），鼠害，等等。

（二）管理因素

1. 研学旅行教学团队成员的能力素养因素

研学旅行教学团队成员能力素养的高低，是影响研学旅行安全的关键因素。研学旅行教学团队相比于其他学科的教学团队具有一定的特殊性，团队成员既包括教育领域的人员，又包括文化旅行领域的人员，缺少任意一方都无法支撑研学旅行课程的有序推进。因此，这两个领域的人员需要密切配合，优势互补，相辅相成。当需要团队成员独立完成某项任务时，如果团队成员缺乏完善的知识结构，就会因其能力素养的不足产生各种安全问题。当需要团队成员通力合作完成某项任务时，如果团队成员缺乏良好的合作能力，也会因其能力素养的不足产生各种安全问题。因此，研学旅行教学团队的成员需要具备高水平的能力素养，以避免各种安全问题的发生。

2. 课程设计及应急预案因素

研学旅行课程涵盖内容较广，对课程设计者的专业能力有较高的要求。如果课程设计者的能力有限，所设计的课程缺乏较强的专业性，线路规划也缺乏合理性，尤其是在安全管理方面的设计缺乏合理性，就有可能存在严重的安全风险。具体来说，这类问题主要体现在以下三方面。

第一，安全注意事项设计瑕疵导致的安全问题。在研学旅行课程设计中，如果缺乏全面、针对性的安全注意事项，就无法对学生起到积极的安全指导作用，很可能导致学生不能对安全风险做到有效辨别，无法达到有效避免安全事故发生的目的。

第二，安全防范措施设计瑕疵导致的安全问题。在研学旅行课程设计中，如果不能全面地设计安全防范措施的内容，没有科学的措施，就无法对安全事故的发生起到有效的防范作用。

第三，安全应急预案设计瑕疵导致的安全问题。在研学旅行课程设计中，如果无法全面设计事故类型，不能具体细致地规划相关人员的岗位责任，不能进一步明确预警条件，不能制定严谨、合理的操作流程，就容易造成不可预估的安全事故。

3. 出行时间及学习资源选择因素

为了提高研学旅行活动的效率，避免浪费不必要的时间，研学旅行的出行时间要尽可能避开旅游高峰期。在旅游高峰期，由于路上车辆容易拥堵，且景区游客密度较高，因而增大了安全问题的发生概率。在研学旅行课程的行前阶段，如果没有对线路进行细致勘查，没有全面考察研学目的地的学习资源，没有清晰地识别学习资源的安全风险，没有针对安全风险设计正确的规避措施，就难以有效避免安全事故的发生。

4. 交通工具因素

由于交通工具多种多样，所以因为交通工具因素引发的风险较多，主要包括车辆、船舶故障等。表面来看，交通工具因素属于物的问题，但本质上是管理的问题。如果缺乏合理的行前车辆、船舶预检制度，可能就会导致车辆、船舶带故障出行。

5. 教学设施及防护装备因素

这类因素常见于拓展训练基地以及博物馆、科技馆等场馆。在研学旅行活动前，安全员、项目组长必须对拓展训练基地内的教学训练器材和防护设备展开全面的安全检查。而在博物馆、科技馆等场馆进行研学时，要确保文物或展品的安全。

二、研学旅行教育双重属性难兼顾

研学旅行教育强调寓教于游，是旅游与教育跨界融合的产物。研学旅行教育具有旅游、学习双重属性，追求"学中游，游中学"。但在实际研学旅行过程中，要想有效兼顾旅游和学习却具有一定难度，因为这是一项十分复杂的工作，存在诸多不可控因素，稍有不慎就可能会影响旅游体验或教育质量。总体来说，研学旅行教育如果没有兼顾好"游"与"学"，就会出现以下两种情况。

（一）只游不学，难以达到教育学生的目的

所谓"只游不学"，指的是研学旅行服务规划的制定缺乏系统性、科学性，无论是目标还是内容都较为简单，没有突出层次性、多样化特点，缺乏对"学"的足够重视。"只游不学"情况的存在，会直接或间接地造成学生学习形式的单一化，学生将更多精力投入游玩上，难以对学习内容产生兴趣，知识和能力的提升大打折扣。由此一来，研学旅行服务空有其表，难以实现理想的教育效果。

（二）只学不游，难以发挥研学旅行的优势

所谓"只学不游"，指的是在研学旅行教育的过程中，过分重视"学"而忽视"游"的重要性，导致学生无法产生深刻的旅游体验。研学旅行教育中重视"学"本身没错，但是研学旅行教育中过分重视"学"实际上是没有充分认识到研学旅行与传统教育的区别，研学旅行教育更应关注学生的全面、个性的发展。如果缺乏对"游"重要性的重视，而过分注重课本知识的传授，其结果往往会适得其反。而"只游不学"的学习方式，则不仅与研学旅行的初衷背道而驰，还导致研学旅行教育停留于表面，趋于形式化、简单化发展，无法充分发挥出研学旅行教育的优势。

三、资源整合难度大

研学旅行是一种实地体验与教育相结合的活动形式，它的有序推进

离不开多方资源的有效整合。但资源整合本身是一个复杂的过程，涉及多个因素，充满着挑战。

一方面，理想的研学旅行地点应具有丰富的教育资源，并且研学旅行地点的可达性和安全性不容忽视，因此，组织者需要进行大量的前期调研和实地考察，对研学旅行地点的教育资源以及研学旅行地点的可达性和安全性进行评估。例如，在考虑将历史古城作为研学旅行地点时，组织者需要对古城的历史、文化进行考量，在此基础上，还要对当地的住宿条件、餐饮安排以及医疗情况等进行全面评估。对于这些综合因素的考量，可以确保研学旅行的安全性、舒适度，但也增加了资源整合的难度。

另一方面，新技术的应用增加了资源整合过程的复杂度。随着信息技术的快速发展，研学旅行模式发生了前所未有的改变，移动学习、虚拟现实等现代教学工具的应用，为研学旅行教育效果的提升提供了可能性。但这些现代教学工具的应用不仅需要专业人员的操作与日常维护，还需要与教育内容适配。因此，新技术的应用在提升研学旅行吸引力的同时，使得资源整合过程变得更加复杂。

四、部门之间协作难度大

研学旅行教育的开展涉及多个部门，它由教育行政部门主管，在上级领导部门的指导下，由学校担任组织者和管理者的角色。但在实际操作中，除了以上这些部门，还需要涉及多方组织机构。例如，在师生校外出行的过程中，离不开来自交通运输部门、安全部门的协同配合，在旅游和餐饮过程中，离不开来自卫生部门、旅游部门的协同配合，除此之外，还离不开当地政府相关部门的支持。因此，研学旅行教育实施各方面需求的满足，离不开多个部门的精诚合作。部门之间的协作并不总是顺畅无阻的，跨部门合作往往面临着诸多挑战。一方面，每个部门都有各自的侧重点，但这些侧重点各不相同，有可能致使其在计划执行上出现分歧，无形之中增加了研学旅行协调的复杂度。另一方面，信息交流与共享不畅通。畅通的信息交流与共享，是不同部门之间协同工作与及时响应的基础。在研学旅行过程中，信息的共享可能会遇到各种各样的阻碍，如技术平台的不兼容、相关人员的沟通不畅等，这可能会导致部门人员在做出决策时缺乏有效的信息支撑，导致决策缺乏合理性。

五、特色课程开发难度大

特色研学旅行课程的开发，不仅能增强研学旅行课程的吸引力，还能集中学生研学旅行中的注意力，有利于学生对知识和技能的理解。一些民营机构，有着明显的资源优势，往往可以获得学生的青睐，但是这些民营机构大部分以营利为目的，工作人员的专业素质难以保证，对于教育目的缺乏足够的重视。针对此，有必要打造特色研学旅行课程。但是特色研学旅行课程的开发并不是一件容易的事，面临着诸多挑战，需要课程设计者进行精细筹划，更新教育理念，深刻理解教育内容和实地体验之间的关系。

第二节 应对挑战的策略与建议

一、政府出台相关政策，制定评价制度

（一）强化顶层设计，出台相关政策

研学旅行教育的实施离不开旅游、文化、交通、保险等部门的共同支持，要确保研学旅行有条不紊地开展，当地政府应该积极响应国家号召，从本地实际情况出发，针对研学旅行出台相关政策，构建政府—学校—研学旅行基地三位一体的运营机制，促进运营机制的规范化发展。

首先，政府可以针对研学旅行出台专门的实施细则，建立健全制度体系，为研学旅行市场的发展提供法律依据；积极动员研学旅行的相关人员，包括中小学生、家长、新闻媒体、社会组织等，形成全方位、自上而下的监管机制，将政府监督与社会监督有机结合，推进行业内部监督与外部监督协同发展，为研学旅行教育的可持续发展提供有力保障。

其次，政府可以考虑出台相关政策文件，适当增加学校经费，并设立研学旅行专项经费；出台相关政策，积极鼓励社会各界人士如民营企业、社会组织以及爱心人士，为研学旅行教育的开展捐助资金；出台相关政策，加强多部门联动协作，包括但不限于文化部门、旅游部门、铁路部门、保险部门等，为研学旅行提供更优质、高效、便捷的专项服务。例如，文化部门、旅游部门可以面向研学旅行参加者，推出门票优惠政策；铁路部门可以面向研学旅行的学生，推出购票减免的政策；保险部门可以与研学旅行活动主办方建立友好合作关系，为研学旅行的师生办理针对性的出行保险，并提供专项优惠服务。

最后，政府可以出台相关政策，对研学旅行的每一个流程、每一个环节进行监督，包括研学旅行的计划、组织、实施与反馈等流程和环节，为研学旅行活动的有效落实提供保障，从而实现实践育人的目的。

（二）明确考核标准，完善评价制度

完善的考核评价体系，能够为政府部门的监督和审查提供重要的参考依据。构建研学旅行考评体系并对其不断优化，是强化研学旅行管理效果的有力手段。政府在开展研学旅行的考核评价工作时，要遵循整体性、全面性、系统性、科学性原则，考核评价要层层递进、步步深入，评价细节和过程要秉承透明性、公开性原则，准确找到问题所在，提高考核评价的有效性和科学性。考核主体以教育行政部门为主，考核对象涵盖群体较多，包括个人、团体以及组织机构，具体为学校、研学基地以及其他旅游服务机构。针对学校这一考核对象，制订科学的考评方案，把考评结果作为学校整体考核的重要参考；针对研学基地这一考核对象，

进一步细化和完善资质审查标准和程序；针对旅行社等旅游服务机构这类考核对象，制定执行详细、严格的评级评星政策，构建长效动态的考核评价机制。需要注意的是，在研学旅行考核评价中，安全事项这一考核标准应占据首要地位。

二、构建以课程为核心的研学内容

课程开发是研学旅行教育质量提升的关键所在，也是确保研学内容丰富性、趣味性的重要环节。在研学旅行教育的推进过程中，为了提高课程主题的明确性，增强研学内容的深度，组织者需要构建以课程为核心的研学内容，推动研学旅行教育的高质量开展。

（一）整合优质资源

合理配置不同类型的研学资源，有助于发挥研学旅行资源的价值，研学旅行内容更加丰富，为研学旅行的有序推进提供充足的资源支撑，从而产生事半功倍的研学旅行效果。对于优质研学资源的整合与开发，笔者建议可以从以下三方面入手。

第一，针对小学一至三年级的研学旅行资源，"以乡土乡情研学为主"；针对小学四至六年级研学旅行资源，"以县情市情研学为主"；针对初中年级的研学旅行资源，"以县情市情省情研学为主"；针对高中年级的研学旅行资源，"以省情国情研学为主"。学校可以积极动员教师、学生等，定期收集整理周围具有较高研学价值的资源，可以是自然资源，也可以是文化资源，还可以是科技资源等，从所整理的资源中精心挑选出与政策、学校要求具有较高匹配性的资源，创建研学资源库，并不断完善与更新。第二，融合跨学科资源，从各个学科知识中挑选出具有较强体验性的研学资源，重新组合跨学科资源，构建多学科交叉的研学内容，打破校内资源与校外资源的壁垒，实现两者的深度整合，激发学生的学习兴趣。第三，学校在设计研学内容方面遇到困难时，可以将研学目标作为依据，结合学生身心特征，充分利用区域内已有的博物馆、科技馆、劳动实践基地以及科研院等优质资源，设计多元化研学内容，一方面提高区域内资源的利用率，另一方面提高研学内容的趣味性。

（二）拓展课程内容

研学旅行并非简单的旅游，而是以旅游为手段、以教育为目的的一种教育旅游活动。因此，研学旅行课程内容的设计要坚持丰富性，切不可过于简单，学校要有意识地不断挖掘并融入备受学生喜爱的研学内容，确保活动内容的全面性、新颖性，从而提高课程活动的吸引力，充分调动学生参与研学的积极性。具体来说，学校可以通过意见征集活动等方式，获取学生感兴趣的主题内容，例如，学生对体验性较强的主题内容感兴趣，学校可以在研学旅行课程内容中创设现代农业、工业、服务业等工作情景，组织学生体验不同的岗位、角色，完成特定的任务，带给学生一种身临其境的感觉，从而增强研学旅行活动的效果。

为了更好地培养学生的自学能力与深度思考能力，学校应该设计有深度的研学内容。但是要准确定位教育对象的最近发展区，既不能超出学生的可接受范围，又要具有一定的挑战性，与不同年龄段学生的认知水平相匹配，使研学内容能够充分对接各年级学生的学科知识，使学生经过努力和思考理解与吸收活动内容，有效解决实际问题，提高实践能力。

三、技术赋能教育模式的创新，提升研学旅行教育质量

（一）开展在线研学活动

1. 搭建研学旅行平台

技术支撑下的在线研学旅行活动主要是在互联网环境中进行的，研学旅行参与者可以通过相关网站、手机 App 等方式，登录相关研学旅行系统，参与研学旅行活动。通常来说，研学旅行平台系统主要包括两大类，一类是线上虚拟旅行，另一类是在线虚拟社区。

（1）线上虚拟旅行。线上虚拟旅行主要是基于 3D 建模和虚拟仿真技术来打造教育场景，具有较强的现场感，其通过网络空间学习，让学习者感受到研学旅行的氛围，并通过故事模拟、真实场景还原等，增强研学的可行性。

（2）在线虚拟社区。在线虚拟社区主要是借助计算机网络等技术构建虚拟社区，有着相同爱好、学习目标的学生可以通过移动电话进入社区，在社区里分享知识和信息。在线虚拟社区中的学生不仅可以选择某一成员发起私密会话，还能面向社区全体成员发起公开会话。在这样的社区当中，学生之间通过分享、讨论等方式互相学习，积极思考，营造浓厚的学习氛围，建立相对稳定的学习关系。由此一来，不仅学生学习的时间维度得到了有效拓展，空间维度也得到了有效延伸，有助于学生养成良好的学习习惯。

2.建设研学旅行数字资源

线上研学旅行活动的顺利进行，需要在线学习资源作为支撑。这里的在线学习资源主要是指有助于培养学生文化素养和爱国主义情怀的学习资源。要想实现研学旅行学习资源的共建共享，相关技术人员可以通过搭建教育类网络平台、创建资源库以及接入各类端口等方式，让数字资源平台为全国范围内不同地区的师生所用，为研学旅行活动的开展提供支撑。

（二）现场实景体验式研学旅行

技术支撑下的现场实景体验式研学旅行以场馆研学旅行为主，其可以利用新技术如虚拟现实、增强现实、混合现实向学生直观、生动地呈现不同地区的文化，学生的所有互动都可以在场馆内完成，通过创设沉浸式氛围，学生可以更加深刻、真切地感知革命精神，让爱我中华的种子牢牢扎根在学生心里，更好地传承和弘扬中华优秀传统文化。因此，各个地区可以积极引入虚拟现实、增强现实、混合现实等技术，建设体验式学习空间或场馆，组织互动性较强的研学活动，在节约学习时间的同时，消除因长途奔波造成的研学旅行风险。

1. 科技型研学旅行体验馆

科技型研学旅行体验馆作为科普教育基地，对于学生科学文化素养的提升起着重要的促进作用。科技型研学旅行体验馆能够支撑多样化课程的开展，如科技课程的开展，不仅可以提高学生的科学素养，还能培养学生的问题解决思维；创客课程的开展，不仅可以有效锻炼学生的动手能力，还能培养学生的计算思维。

科技型研学旅行体验馆的建设需要合理规划、科学布局、空间完整、主题鲜明，馆内可根据不同的科技主题划分不同的展馆，可以有 3D 打印馆、机器人馆、AR/VR 体验馆、其他科技体验馆等，需要多种新技术的支持。学生对科技体验的接受程度是不一样的，体验馆应当根据学生年龄和认知程度的不同来设置不同的体验课程。

例如，针对 5 ～ 8 岁低年龄段的儿童，科技型研学旅行体验馆的建设应该主要侧重于培养儿童的较低层次的能力，包括基本的动手能力、思考能力以及逻辑能力等，通过开展趣味十足的科技娱乐活动，调动学生的参与积极性。以研学旅行为目的的科技体验馆，应该将文化贯穿每个展馆、每类课程。例如，在机器人体验馆内，教师可以在课前创设特定历史情境，如"在战争期间，粮食和物资的输送是一件危险系数很高的事情，如果有机器人帮助士兵完成搬运任务就好了。"在问题情境的驱动下，教师可以鼓励孩子动手搭建机器人，同时鼓励孩子思考如何让机器人帮助士兵运输货物。针对 9 ～ 12 岁的较高年龄段的学生，科技型研学旅行体验馆的建设应该主要侧重于培养学生较高层次的思维能力，包括逻辑思维能力、计算思维能力、创新思维能力等，通过让学生亲自参与科技活动，激发他们探索科学的兴趣。VR/AR 体验馆、光控飞机体验馆、可视通信体验馆以及一些声光电展示多媒体展馆等，都是儿童十分喜爱的场馆。在这些场馆中，学生可以置身一个非常逼真的战争环境中，去学习如何控制光控飞机的飞行、如何进行战地通信等促进学生的知、情、意、行共同发展的项目。针对 13 ～ 18 岁的青少年，科技型研学旅行体验馆的建设应该主要侧重于培养青少年的高级认知技能和创新能力。考虑到这一年龄段的学生已经具有一定的逻辑思维能力和抽象思考能力，所以体验馆可以引入一些科技场景，如模拟太空探索的环境，培养学生对未来科技发展的兴趣。

2. 智慧型研学旅行基地

研学旅行基地是贯彻落实立德树人根本任务的重要场所，是培养学生新的时代精神的实践教育基地。智慧型研学旅行基地的建设，需要引入各种各样的现代科技手段，既要保证实现研学旅行的教育功能，还要凸显研学旅行活动的趣味性，更要保证研学旅行活动的安全性，与此同时，要为教师更好地管理全体学生提供便利性，使教师及时获取学生学习反馈，为学生学习提供个性化指导。

智慧型的研学旅行基地需要通过数字化、网络化、智能化和多媒体化相结合的方式提供新技术研发、硬件装备和内容开发等研学旅行的个性化产品定制服务。由于研学旅行活动对学生的体能有一定要求，基地可以利用新技术对学生的生命体征进行实时监测，以免意外情况的发生，基地还可以利用穿戴式智能设备有效记录学生每天的活动、睡眠以及饮食等情况，为教师指导学生健康生活和制定每日活动内容提供依据。此外，基地中人脸识别技术的应用，对于监督和管理学生的日常活动提供了极大的便利。由于参加研学旅行的学生规模比较庞大，随着一批学生的离开，又会迎来一批新的学生，这就增加了基地管理人员管理学生的难度。而人脸识别技术的应用，可以准确、有效地记录学生的日常打卡情况以及学习进度，在一定程度上也减轻了基地管理人员的工作量。

智慧型研学旅行基地的建设，可以划分为不同的区域，主要包括室内活动区和室外活动区、传统实践区和科技体验区、交互式学习区和体验区。例如，在科技体验区内，为了激发学生的学习热情，其可以采用各种新技术手段，包括计算机辅助设计、机器学习以及无人机等，使研学旅行活动内容具有较强的趣味性；在交互式学习区和体验区内，为了刺激学生多重感官，可以打造 VR/AR/XR 体验区和四维影院，观影座椅也能根据电影画面进行旋转、上升或下降，提供触觉反馈功能。在科技感十足的影院内，学生可以通过座椅感受自身运动，同时，配合环境中的风声、雨声、洒水、烟雾等元素，学生能产生身临其境的感觉。

（三）混合研学旅行

混合研学旅行是指充分利用现有教育资源，再通过网络访问虚拟的研学旅行基地等开展研学旅行活动。线上与线下的有效联动，不仅使研学旅行内容变得更加丰富，还显著提升了学习的主动性，并系统性地呈现了研学旅行活动内容。线上线下混合式研学旅行活动的开展需要综合运用各种新技术，包括互联网技术和虚拟现实、增强现实、混合现实等，具体来说，线上可以创设网络虚拟场景，开展研学旅行活动；线下可以综合运用增强现实、混合现实、虚拟现实等技术，开展体验式、观摩式、参与式的研学旅行活动，降低学生理解课程内容的难度。

基于新技术开展研学旅行对于培养学生的核心素养，提升学生的爱国意识有着重要的意义。[①] 开展新技术支持的研学旅行，有利于降低因实地旅行造成的社会风险和时间成本，拓展研学旅行的边界和空间。

四、强化师资培训，突出师生主体地位

作为研学旅行活动中知识的传递者、主导者，教师对学生需求、研学旅行活动中存在的问题有着充分的了解。因此，研学旅行活动的开展必须高度重视教师的主导作用。近年来，研学旅行取得了系统化发展，研学旅行导师要想不断提升自己的胜任力，也必须参加系统化培训。研

---

① 江蓉. 中小学红色研学旅行的新技术支持路径研究[D]. 扬州：扬州大学，2021：30-31.

学旅行导师培训的主导者通常是省市政府，承办者通常是企事业单位，此外各个社会组织机构要积极配合。基于上级部门的支持与引荐，学校可以与研学旅行课程设计专家建立长期合作关系，并邀请他们定期来校传授先进的理论知识，与校内教师一起分享研学旅行教育教学经验。

研学旅行课程是一种以学生和教师为主体的实践教育，其中教师是组织者和引导者，学生是体验者和学习者，通过师生的共同努力和配合，达到特定教育目的，促进学生综合能力的提升。在研学旅行活动中，教师和学生的关系不同于传统课堂教学，两者在短暂的研学旅行过程中和谐相处，营造出乐学优学的研学氛围。因此，在研学旅行活动中，既要尊重教师的主体地位，又不能忽视学生的主体地位，要充分发挥两者的主观能动性，尊重个体差异，在提升教师教学能力的同时，促进学生的全面发展。

五、优化研学旅行行程安排

（一）预估每个行程所需要的时间

在考察研学旅行目的地的过程中，为了预估每个行程所需要的时间，学校可以选择部分学生先行前往目的地进行体验。提前参加体验的学生尽量体现出差异性特点，在性格、学习能力等方面各有特色，但要确保其年龄与即将正式参加研学旅行的学生年龄相仿。通过记录整理提前参加体验的学生在每个研学旅行目的地需要投入的学习和参观时间，以这些时间的均值或中位数作为此次研学旅行目的地的大致停留时间。需要注意的是，由于选取的学生人数较少，与规模较大的研学旅行团队在很多方面有所差异，如队伍管理时间，因此，在实际研学旅行中，学校中，要为每一个研学旅行目的地的出行、参观环节多预留一些时间。

（二）合理选择研学旅行目的地

在有限的研学旅行时间内，如果安排过多的参观学习的景点，不仅无法让学生深刻体验到旅行带来的乐趣，还会使学生疲于奔波，无法静下心认真学习。在研学过程中，学生即便有所感触，或者萌生出某些想法或灵感，但因为缺少足够时间进行思考，这些想法或灵感也难以转化为知识和力量。因此，考虑到研学旅行时间是有限的，每次研学旅行要合理选择研学旅行的目的地，特别是要科学设计目的地的数量和地理位置。

（三）选择安全的交通方式

交通安全问题是研学旅行中各方十分关注的安全问题。如果行程较近，研学旅行团队可以优先选择公路交通方式；如果行程较远，研学旅行团队可以优先选择航空或铁路交通方式，公路交通的安全系数相对较低。在交通工具合作方的选择上，研学旅行活动主办方必须慎重，在合作前要对学生即将乘坐的交通工具进行全面了解，包括车龄、车辆安全性能等，提高研学旅行活动的安全系数。驾驶员是影响交通安全的决定性因素，驾驶员的违规操作会直接引发各种各样的交通事故，因此，驾驶员是影响研学旅行活动安全系数的重要因素。交通合作部门要加大对驾驶员的考察力度，考察内容要全面且详尽，主要包括无吸毒史、无严重违反交通规则历史、身体健康等，避免驾驶员在交通工具行驶过程中出现不当操作，危害学生安全。

六、搭建多元协同的研学平台

搭建多元协同的研学平台，能够为研学旅行效率的提升提供保障。具体可以从以下两方面入手。

（一）完善组织系统

研学旅行的组织者不仅包括学校，还包括服务机构、研学旅行基地等利益相关者，只是这些组织者所扮演的角色和发挥的作用有所差异。作为直接组织方，学校需要与其他间接组织方密切配合，建立友好合作关系，为研学旅行教育的有序推进提供动力。目前，部分学校会精心挑选靠谱的旅行社或研学机构，由旅行社或研学机构负责组织和实施研学旅行活动，并与研学旅行基地进行对接，而学校主要是指派一些跟团人员，如活动总负责人、班主任，这些跟团人员的主要任务是对研学旅行活动进行全程监督。这虽然一定程度上减轻了学校的负担，但从活动组织层面上来看，学校、教育机构以及研学旅行基地之间有所割裂，形成了各自独立的局面，无法保证研学旅行活动的效果。因此，为了增强研学旅行活动的实效性，需要不断完善组织系统，促进组织平台的多元协同，加强学校、教育机构以及研学旅行基地之间在组织活动上的协调一致。

一方面，各组织者应该权责明确，各司其职。学校作为研学旅行的主办方，要进一步明确自身所承担的职责，明晰研学旅行目标，确定活动主题，在此基础上，在研学旅行组织与实施中发挥主导作用。例如，在研学旅行课程实施前，结合学生特点制订详尽的计划方案与安全应急预案，科学合理分配活动经费，安排专业性较强的带队教师等。作为研学旅行的承办方，研学教育机构应该进一步明确自身职责，积极配合作为主办方的学生制订计划方案，为研学旅行活动的实施提供多方面的保障服务，包括交通、票务、保险等方面。作为研学旅行的供应方，研学旅行基地应该明确自身职责，与学校展开密切联系，根据活动主题提供针对性的研学课程与配套服务。另一方面，各组织者要环环相扣，有序对接。在研学旅行行前阶段，学校应该做好充分的规划准备工作；在行中阶段，教育机构和研学旅行基地为研学旅行活动的开展做好服务保障工作。

（二）保证信息融通

实时通畅的信息平台，有助于提高研学旅行实施的效率。现阶段，研学旅行信息平台的搭建尚处于初级阶段，一些研学机构或企业已经研发出研学旅行 App，为用户提供精准的在线研学服务，如研学最新动态、新闻资讯以及产品展示等。信息平台的搭建，为用户了解研学旅行提供了有效路径，但是很多信息平台在使用范围、功能方面具有局限性，存在着信息不对称的问题。为了有效应对这一问题，相关部门可以借助大数据搭建统一的信息平台，促进信息的实时融通，从而进一步提升研学旅行的效率。

首先，教育主管部门可以作为组织者搭建信息平台，或者授权第三方进行搭建，为信息平台的可信度、权威性提供保障。其次，平台方应该做好研学旅行相关信息的整理和披露工作，充分发挥大数据技术的优势，及时更新高质量研学资源、精品研学课程以及可靠的机构和基地等信息，积极构建"一站式"网络平台。再次，为了保证信息的时效性，学校、教育机构以及研学旅行基地应该及时在信息平台上更新需求或供给信息，建立健全信息呈报制度。与此同时，平台方要及时做好信息的公开和披露工作。最后，平台方应该做好对信息的收集、整理和匹配工作，不断从整体上提升信息平台的针对性、精确性。例如，根据不同学校的不同研学计划，提供针对性的研学机构信息；根据不同的研学内容或活动主题，提供契合度高的研学旅行基地信息；根据不同年龄段的教育对象，提供可接受的课程信息；根据不同的研学旅行基地，提供与之相匹配的研学活动信息；根据不同主题的课程，提供需求一致的受众信息。

七、学校强化学生安全教育

安全因素是影响研学旅行教育能否顺利开展的决定性因素。安全问题是备受学生和家长重视的一大问题。因此，有必要不断提升研学旅行的安全保障。保障学生安全可以从多维度入手，其中研学旅行实施行前阶段的学生安全教育尤为重要。详尽到位的安全教育，能够有效避免学生因个人疏忽陷入危险境地。因此，学校有必要组织全体学生参加安全教育活动，做好学生的安全管理工作。具体来说，安全教育可以从以下五方面入手。

（一）开展班会

班级是学生日常生活和学习的基本组织单位，每个班级都配备了专门的班主任，主要负责班级的日常管理工作。在研学旅行出发前几日，班主任可以充分利用班会时间，说明研学旅行活动的安全注意事项，包括但不限于交通规则、乘车安全以及地震等自然灾害的应对策略。

（二）组织家长会

在研学旅行正式开始之前，学校需要将研学活动的相关内容传达给家长，而这可以通过组织家长会的方式实现。学校可以通过线上或线下的方式开展家长会，将家长告知书发放到每位家长手中，针对"是否同意学生参加研学旅行"征求每一位家长的意见。家长告知书应该清晰地呈现研学旅行活动的时间、路线、经费等相关信息。家长会的组织主要是为了引起家长对研学旅行的重视，提醒家长会后叮嘱孩子在研学旅行活动中的注意事项，让学生时时刻刻都将安全这件事放在心上。如果个别学生的身体状况存在特殊性，家长必须提前将孩子的特殊情况告诉班主任，学生可以自愿选择是否参加研学旅行活动，如果学生选择参加研学旅行活动，带队教师在活动中要对其多加关注。

（三）组织学生参加学校安全大会

在班会、家长会的基础上，学校在研学旅行活动出发之前（最好是当天），可以组织参加研学旅行活动的学生参加安全大会，并在会上着重强调研学旅行过程中学生要遵守的规则和要注意的事项，包括财产安全、乘车须知以及饮食注意事项等，引起学生的重视。

（四）实施应急安全演练

应急安全演练主要包括两部分内容，即地震应急疏散演练、火灾应急疏散演练。对于研学旅行目的地，大部分学生都比较陌生，如果出现突发事件，将非常棘手，这就需要在出发前让全体学生熟悉应急路线指示图。尤其是带队教师和安全员，他们必须提前熟悉研学旅行基地周围的环境，以便在突发事件当中能够第一时间有序、高效率地疏散学生。因此，实施应急安全演练十分重要。

（五）适当引入商业保险

作为一种校外活动，研学旅行活动的开展充满了不确定性，无论举办方考虑得多么周全，都无法完全保证万无一失。为了最大限度地降低不可控因素引发的安全事故，主办方可以考虑为每一位研学旅行活动的参与者购买合适的商业保险。此种做法虽然无法预防安全事故的发生，但是可以在一定程度上减少研学旅行活动主办方的经济损失，为活动参与者的财产安全提供保障。如果研学旅行活动途中有人员受伤，还可以保证受伤人员后续的治疗费用。在研学旅行活动中，无论是学生还是带队教师，都存在发生危险的可能性，因此，商业保险的购买对象不仅包括学生，还应包括带队教师。

八、强化家庭教育的辅助作用

（一）充分发挥家委会作用

家庭教育是学生的第一教育，对学生的成长与发展具有重要影响。作为研学旅行活动的幕后支持者和配合者，家长不仅可以为学生提供心理方面的引导，还能为其提供安全等方面的支持。家长委员会的成立，主要是为了保障学生在学校范围内的学习权益、保障家长的知情权和参与权以及促进家校合作等。家长委员会是增进学校与学生、家长之间沟通的桥梁，在校外教学活动中具有重要的辅助和监督作用。目前，我国越来越多的学校已经建立家长委员会，且家长委员会的发展日益壮大，正在趋于规范化发展。作为家长群体组织，家长委员会能够基于学校的指导，有序参加研学旅行活动，为研学旅行活动的开展提供一定支持。

（二）强化父母、监护人的责任意识

学校在研学旅行活动前召开家长会就是嘱托家长强调孩子的安全问题，防止因学生发生安全事故。家长要叮嘱学生严格遵守研学活动的纪律，例如，乘车时认清学校安排车辆的车牌号，不要上错车（在大型研学活动中，车辆外观非常相似）；过马路时不要着急，宁等三分，不抢一秒，听带队教师的指挥，跟着带队教师走；不要私自行动，不能脱离队伍。此外，家长必须在日常生活中对学生进行安全教育，提高学生的安全意识。

（三）日常生活中加强学生安全意识的培养

安全意识的形成并不是一蹴而就的，它是一个渐进的过程。家长要从日常生活入手，注重对学生安全意识的培养。例如，每年有关失足落水的报道比比皆是，实际上，人们落水的原因除不小心掉下去外，还有一部分人是因为没有准确预判潜在危险，主动下水玩耍而导致的落水。出于这种原因落水的人不乏未成年人，可见其在安全意识方面存在欠缺。因此，家长应从日常小事着手，培养学生的安全意识。

第五章　展望与结论

第一节　展　望

一、研学旅行教育的发展趋势与前景预测

（一）打造特色文化

从某种意义上来说，研学旅行教育本身是学生在异地参加的具有体验性特征的学习活动，能够满足学生求新、求异、求奇的学习需求。因此，对于作为体验者的学生而言，要想使其提升体验质量，关键在于体现研学旅行产品的特色，从而彰显其独特的吸引力。要想打造特色化研学旅行产品，需要以主题为引领，充分挖掘研学旅行目的地蕴含的有形和无形的元素，包括地域文化、民族文化以及历史文化等，并将这些文化巧妙地融入研学旅行产品的开发中，以生动活泼的方式呈现在学生面前，赋予研学旅行产品更丰富的内涵，促进研学旅行产品的高质量发展。由此一来，研学旅行产品就能以自身的独特魅力吸引学生注意力，并充分满足学生的"研学"需求。

研学是泛游学领域的一个分支，未来研学主题将趋于丰富性、多样性，生态研学、体育研学、工业科技研学、农业研学、文化研学、拓展研学、红色研学等研学在内涵层面的丰富，将成为未来发展的主要方向。与此同时，研学旅行应朝着沉浸式旅行、深度体验式旅行发展，通过旅游的方式推动学生综合素质的提升。另外，研学旅行课程的设计，要注重对中华优秀传统文化的弘扬，使学生将中华传统美德牢记于心、外化于行。

人生活在自然环境中，所以自然环境是人类生存的基本条件，是发展生产、繁荣经济的物质源泉。如果没有地球这个广阔的自然环境，人

类是不可能生存和繁衍的。环境保护有利于建设资源节约型社会，实现可持续发展；有利于增强节约资源和保护环境的意识；有利于增强投资吸引力和经济竞争力，实现转型跨越。这明确了人与自然和谐共生的要求。现阶段，诸多学生从小成长于远离大自然的城市中，而研学旅行则为其体会大自然的美好与珍贵提供了有效路径。通过参加研学旅行活动，学生可以亲近大自然，感受大自然之美，从中学习环保理念。

（二）科技赋能研学旅行创新，提升科学素养

随着 5G 时代的到来，"云上游览"已经从梦想照进现实，学生足不出户就能"云游四海"、开阔眼界、增长知识。现阶段，虽然虚拟现实技术尚处于发展初期，但随着 5G 时代的到来，高宽带、低时延、高速率的网络优势，能够为虚拟现实技术突破发展瓶颈注入力量，为虚拟现实技术在各个领域的广泛应用创造有利条件，其中，研学实践领域也不例外。虚拟现实技术具有较强的沉浸性、交互性，有助于培养使用者的想象能力，这有望使虚拟现实技术成为未来研学实践的发展热点。这不仅为中小学研学旅行实践中路途远、时间久等问题的解决提供了新思路，还能为研学旅行教育模式的创新提供新的可能。

有效运用先进的科技手段，可以收集更专业的研学数据，搭建更加生动形象的研学场景，组织更加多样化的研学旅行活动，带给学生更深刻的研学旅行体验。例如，在大数据时代，充分利用区块链技术，可以构建专属于每位学生的教育成长档案，建立完善的研学旅行课程体系，搭建研学产品智慧平台；采取科技手段，可以创设各种各样逼真的研学互动体验场景；组织沉浸式实践活动，可以让学生动手制作、亲身体验，使其更深入地了解某个产品背后的科技原理。

在信息时代下，以科技创新应用场景，构建智慧型研学旅行模式，以科技赋能教育现代化发展，是科技驱动研学旅行创新发展、提升学生科学素养的有效路径。

二、对未来研究的建议与期待

目前，关于研学旅行的研究，我国相关教育学者主要围绕教育和旅游两个领域进行。教育领域的研究重点在于创新教学模式方面；旅游领域的研究重点在于高效地开发并利用资源方面。[①] 作为一种综合实践育人的新途径，未来的研学旅行研究将集中于以下五方面。

（一）拓展研学旅行研究领域

研学旅行研究涉及领域较为广泛，主要包括社会学、管理学、教育学、心理学等。目前，从研究领域上来看，学者对研学旅行的研究主要集中于教育学领域，多维的创造性研究还较为匮乏。由此可见，研学旅行研究领域还有很大的拓展空间。因此，未来学者应该不断拓展研学旅行研究领域，跨学科、跨国界，与密切相关学科的学者进行合作，包括旅游专家、心理学专家、地质学专家以及中小学教师等。不同的学者有不同的知识背景，他们可以对研学旅行产品进行差异化研究，推动研学旅行研究内容的多元化发展。

（二）关注研学旅行课程评价

研学旅行课程评价的开展，为研学旅行课程实施中"只学不旅""只旅不学"问题的解决提供了有效突破口。近十年来，研学旅行课程的研究热点包括课程价值、课程设计、课程实施，但课程评价作为规范研学活动的必要环节，并未出现在相关热点关键词中。[②] 由此可见，关于研学旅行课程评价的研究相对较少，研学旅行课程评价需要引起人们的关注。除此之外，研学旅行课程评价工作的开展，应该从利益主体出发，如学校、教师、学生、家长等，并且评价应当坚持相互性原则。但国内

---

① 于丽萍，颜璐，杨柳，等. 我国研学旅行的现状与前沿探析 [J]. 上海节能，2024（4）：592-600.

② 孟奕爽，李小乔. 中国研学旅行研究现状、热点及趋势 [J]. 科技创业月刊，2023, 36（4）：193-198.

有关研学旅行课程评价的研究主要是以下两方面：一是学校对教师教学质量的评价，二是家长对学生学习结果的评价。因此，未来研学旅行课程评价中对于评价指标体系的探讨应该涵盖课程实施的全过程，还要涉及每一个相关利益主体。

（三）探索研学旅行基地建设标准

近年来，随着我国研学旅行基地建设进程的加快，我国研学旅行基地建设已取得阶段性成果，基地类型日益丰富，且遍布全国各地，但从整体上来看，研学旅行基地的建设质量良莠不齐。研学旅行基地是研学旅行活动开展的载体，是近些年来研学旅行研究的热点关键词，但尚未形成相应的聚类，这从侧面反映了研学旅行基地这一方向的研究涵盖面较窄，有待进一步地拓展。除此之外，基地建设标准是影响研学旅行基地服务质量的关键因素，很多研学旅行基地之所以存在各种各样的问题，归根结底就是因为没有形成正式统一的基地建设标准。因此，未来研学旅行基地的研究应该侧重研学旅行基地建设标准和原则的制定，力争构建一套通用的基地建设开发体系。

（四）量化研究

量化研究是一种以量化数据为基础的研究方法。定性研究是根据语言现象进行调查、分析、归纳、解释，总结语言现象变化的规律的研究方法。目前，研学旅行研究主要采取的是定性研究方法，量化研究将成为未来研究的重要方向，其主要关注相关主体（如教师、学生、家长、企业）的实际诉求，以及影响这些主体的参与积极性的因素。

（五）合作研究

合作研究是研学旅行研究的必然趋势。随着研学旅行研究的不断深化，研究领域的进一步拓展，以及研究方法的多元化发展，单一的研究机构无论是知识储备还是学术视野都具有局限性，这会对研学旅行研究的深化造成一定阻碍。因此，研究机构内部合作、跨区域和跨领域合作是未来研学旅行研究发展的必然趋势。研究机构通过构建稳固的长期合作关系，不仅实现了跨领域研究，开拓了新的研究领域，还促进了研究理论与实践的协调发展，研究机构与相关主体（如中小学、研学旅行基地）建立友好合作关系，便于研究者更充分地掌握研学旅行中的重要信息，其研究成果对于理论研究和实践均具有一定的参考价值。

第二节　结　论

一、本书创新之处

本书的创新之处主要体现在以下两个方面：第一，本书以研学旅行教育为研究对象，具备研究深度和广度，能够充分凸显著作的逻辑性、学术性。第二，本书对研学旅行教育开展过程中面临的现实挑战进行了研究分析，在吸取前人经验教训的基础上，根据人们进行研学旅行教育时面临的现实挑战提出了针对性的策略，具有一定的借鉴意义。

二、本书研究成果的总结

笔者通过文献综述、数据分析等研究方法，确定了备受学校、学生、家长以及社会关注的话题——研学旅行教育。本书的创作从多角度出发，对研学旅行教育的理论基础、实践策略以及面临挑战进行深入研究，力争为相关教育工作者提供一套系统化的理论与实践框架。

在研学旅行课程体系方面，本书研究内容十分广泛，主要包括课程的分类、课程的资源、课程的内容、课程的实施、课程的评价，为研学旅行课程体系的构建提供了一定参考。在此基础上，本书还研究了研学旅行导师的培养和研学旅行基地的建设，可以充分保障研学旅行教育的有效实施。

此外，本书探讨了研学旅行面临的挑战和未来发展趋势。当前，教育环境处于不断变化当中，因此，研学旅行也需要紧跟时代发展的步伐，不断创新以更好地适应教育需求。本书总结出研学旅行教育面临的安全问题、双重属性难兼顾、资源整理难度大、部门之间协作难度大、经费筹措难度大以及特色课程开发难度高等挑战，并从政府、学校、家长等层面提出不同解决策略，致力研学旅行教育的可持续发展。

三、对研学旅行教育理论与实践的深入剖析

本书通过全面、深入的论述，揭示了研学旅行在现代教育体系中所占据的不可替代的地位，同时，本书结合历史教育研学旅行实践，有力阐述了研学旅行这一新兴教育模式以理论与实践相结合的方式，对于学生全面个性发展所具有的积极的促进作用。

研学旅行教育理论基础源于多个教育理论，本书选取了几个有代表性的理论，即体验式学习理论、项目式学习以及学生发展核心素养。体验式学习理论主张在知识获取方面要通过学生亲身体验来实现，因为学生的直接参与和反思，可以提高学习的有效性。体验式学习理论为研学旅行中的自然探索、历史现场考察等活动的开展提供了重要支撑。在这类活动中，学生不仅可以更直观地学习书本上的知识，还能通过实际操作和体验的方式，对知识形成更深层次的理解。项目式学习强调将项目作为牵引，让学生在完成项目的过程中提升问题解决能力和团队协作能力。在研学旅行过程中，项目式学习模式的应用主要体现在对环境保护等具体学习项目的设计上，这有助于提高学生的综合能力。学生发展核心素养也是研学旅行教育理论的重要支撑。学生发展核心素养主要包括文化基础、自主发展、社会参与这三个方面，三个方面的能力对于学生今后成长和发展来说都是必不可少的，尤其是对学生的终身学习而言。

在研学旅行活动中，研学旅行导师通过组织学生参加多样化的体验式活动，促进了学生发展核心素养的提高。例如，在重现古代水利工程的项目活动中，研学旅行导师要求学生充分利用自己所掌握的有关古代工程技术的历史知识，充分发挥自己的想象力、创造力，与队友相互配合完成模型的制作。学生参加这样的项目活动，面临着两项挑战：一是如何利用现代材料模拟古代建筑；二是如何在一个模拟的历史环境中有效管理水资源。这类项目任务的完成，不仅有助于学生对古代人民与自然环境的关系形成更深入的理解，还有助于提高学生的逻辑思维能力。

从实践角度来看，研学旅行的课程设计与实施充满创新性。本书注重从不同年龄段学生的特点出发，设计满足学生需求且能完成教育目的的课程，保证每次研学旅行都可以达到令人满意的效果。例如，历史学科的研学旅行课程，主要围绕历史事件和人物展开，通过对博物馆、历史遗迹进行实地考察的方式，帮助学生直观感受历史的丰富性。

参考文献

[1] 潘淑兰，王晓倩，马勇总 . 研学旅行概论 [M]. 武汉：华中科技大学出版社，2022.

[2] 薛兵旺，杨崇君 . 研学旅行概论 [M]. 北京：旅游教育出版社，2020.

[3] 梅继开，曹金平 . 研学旅行导师实务 [M]. 武汉：华中科技大学出版社，2021.

[4] 陈大六，徐文琦 . 研学旅行理论与实务 [M]. 武汉：华中科技大学出版社，2020.

[5] 任鸣 . 研学旅行安全管理 [M]. 北京：旅游教育出版社，2020.

[6] 李岑虎 . 研学旅行课程设计 [M]. 北京：旅游教育出版社，2020.

[7] 杨培禾，刘立 . 研学旅行课程设计与实施 [M]. 北京：首都师范大学出版社，2021.

[8] 梅继开，张丽利 . 研学旅行课程开发与管理 [M]. 武汉：华中科技大学出版社，2021.

[9] 翟秀刚，梅继开 . 研学旅行在宜昌·课程篇：宜昌市研学旅行优秀课程汇编 [M]. 武汉：华中科技大学出版社，2021.

[10] 顾家城 . 研学旅行实践教育蓝皮书 [M]. 北京：中国书籍出版社，2020.

[11] 魏洁 . 研学旅行课程体系探索与践行研究 [M]. 长春：吉林出版集团股份有限公司，2022.

[12] 李先跃 . 研学旅行发展与服务体系研究 [M]. 武汉：华中科技大学出版社，2020.

[13] 李立欣 . 研学旅行课程的设计与范例 [M]. 太原：山西科学技术出版社，2020.

[14] 肖明华，文丽，张晓霞，等 . 中小学研学旅行课程研发与实施 [M]. 成都：四川大学出版社，2022.

[15] 李永胜 . 走向生活世界：中小学研学旅行管理学 [M]. 北京：北京航空航天大学出版社，2021.

[16] 尚东. 高中历史研学旅行实践研究：以白银市为例 [D]. 重庆：西南大学，2023.

[17] 王洁. 研学旅行指导师胜任力与教学效能感关系研究 [D]. 长春：东北师范大学，2023.

[18] 袁萍. 长春市中小学研学旅行产品开发研究 [D]. 长春：吉林农业大学，2022.

[19] 朱馨怡. 基于设计思维的小学生研学旅行课程设计与实施研究 [D]. 上海：华东师范大学，2022.

[20] 李若菡. 治理视角下初中研学旅行教育的问题与对策研究：以山东省××学校为例 [D]. 天津：天津师范大学，2022.

[21] 曹群. 初中历史研学旅行活动设计研究：以牡丹江地区抗联红色资源为例 [D]. 牡丹江：牡丹江师范学院，2022.

[22] 陈千进. 初中生研学旅行安全保障现状调查研究：以甘肃省Y县为例 [D]. 贵阳：贵州师范大学，2022.

[23] 闫昕蕊. 研学旅行导师胜任力模型建构与实践验证 [D]. 重庆：西南大学，2022.

[24] 江蓉. 中小学红色研学旅行的新技术支持路径研究 [D]. 扬州：扬州大学，2021.

[25] 高杰. 研学旅行与初中爱国主义教育研究 [D]. 长沙：湖南大学，2021.

[26] 丁杰. 研学旅行培养学生家国情怀的路径研究：以初中历史为例 [D]. 重庆：西南大学，2021.

[27] 崔雨. 初中研学旅行课程开发与实施调查研究 [D]. 郑州：河南大学，2020.

[28] 顾钰雯. 研学旅行课程设计的案例研究 [D]. 扬州：扬州大学，2020.

[29] 于丽萍，颜璐，杨柳，等. 我国研学旅行的现状与前沿探析 [J]. 上海节能，2024（4）：592-600.

[30] 张沙，鲍中义.红色研学旅行的教育功能、困境及实现路径研究[J].遵义师范学院学报，2024，26（2）：48-51，60.

[31] 徐传珂，孙志高.跨学科主题研学旅行设计：以"寻美泰山"为例[J].中学地理教学参考，2024（12）：77-80.

[32] 刘昭辰.古代文化研学旅行对城市经济的发展前景研究[J].产业创新研究，2024（7）：95-97.

[33] 万田户，李海燕，祝霞，等.研学实践教育基（营）地高质量发展研究：基于江西省的调研分析[J].长江师范学院学报，2024（2）：54-65.

[34] 郭太秀.研学活动的实施困境和突破策略[J].现代商贸工业，2024（8）：68-70.

[35] 龙飞，高敬敬.研学旅行指导师职业认知与发展路径研究[J].现代营销（上旬刊），2024（3）：98-100.

[36] 蒋晓聪.研学旅行与非物质文化遗产传承的协同发展研究[J].无锡商业职业技术学院学报，2024，24（1）：95-101.

[37] 朱宝莉.重庆中小学红色研学旅行现状调查及发展策略[J].西部旅游，2024（4）：69-72.

[38] 肖莉莉，李巧义.研学旅行实践基地景观与游憩设计的教育意义表达研究[J].四川职业技术学院学报，2024（1）：48-51，62.

[39] 郑杰文.研学旅行师资培养：价值、困境与破解[J].科教文汇，2024（2）：162-165.

[40] 董宇博，丛一，杨光，等.传统村落文化遗产融入研学旅行实践的时代价值与策略机制研究[J].江苏商论，2024（3）：71-74.

[41] 张西梅，丁海奎.研学旅行：发展嬗变、价值意蕴及创新路径[J].泰山学院学报，2024（1）：140-144.

[42] 李云帆，周兴华，冯丽霞，等.高中研学旅行前置课程的设计原则与实施策略初探[J].中学地理教学参考，2024（3）：4-8.

[43] 刘蒙蒙，金如委. 我国红色研学旅行产业发展的成效、问题及对策 [J].
产业与科技论坛，2024（2）：25-28.

[44] 罗祖兵，刘美辰. 从游学到研学：改革开放以来中小学研学旅行研究
的回顾与展望 [J]. 地理教学，2024（2）：59-64.

[45] 李思瑶，汤国安. 基于研学旅行的课程整合价值意蕴与现实基础分析 [J].
中学地理教学参考，2024（2）：76-80.

[46] 陈娟云. 初中历史研学旅行活动课实践探索 [J]. 中学历史教学参考，
2023（36）：8-12.

[47] 蔡佳利，韦文华，段芳，等. 研学旅行的课程化表达与演绎：以"洪
江干栏式建筑"研学课程研发为例 [J]. 安顺学院学报，2023（6）：
73-78.

[48] 相博文，李嘉超. 生活教育理论视角下研学旅行教育功能：内涵、现
实问题与优化 [J]. 中学地理教学参考，2023（29）：68-72.

[49] 林月，何艳琳，贾艳琼，等. 文旅融合背景下北京研学旅行产品创新
开发研究 [J]. 中国市场，2023（28）：125-128.

[50] 杨斐. 文旅融合背景下博物馆研学旅行创新之路 [J]. 文化产业，2023
（27）：61-63.

[51] 孔晓楠. 中小学研学旅行设计与实施研究 [J]. 大连教育学院学报，2023
（3）：63-65.